Klinger / Klinger

•

ABC der Gestaltung und Prüfung des Internen Kontrollsystems (IKS) im Unternehmen

Auf Diskette

29 Checklisten, Dienstanweisungen und sonstige Muster aus dem Buch „ABC der Gestaltung und Prüfung des IKS ...“, verfaßt von den beiden Autoren Dr. Michael A. Klinger, Beeideter Wirtschaftsprüfer und Steuerberater, Salzburg, sowie Oskar Klinger, Unternehmensberater, Salzburg.

Faxbestellung bzw. Anforderung des Bestellscheins/Informationsblattes bei:
Dr. Klinger GmbH, Fax 0662/6250459, oder
per Post an Dr. Klinger GmbH, Pfaffingerweg 7, 5026 Salzburg

- ☐ Wir bestellen 1 Diskette mit Checklisten und Mustern zum Buch „ABC der Gestaltung und Prüfung des IKS“
- ☐ Bitte um Bestellschein für die Diskette
- ☐ Bitte um Informationsblatt zum Inhalt der Diskette

Datum | Stempel und Unterschrift

Inhaltsverzeichnis der Diskette

- Dienstanweisung Kassaordnung
- Dienstanweisung Einkauf
- Dienstanweisung Inventuren
- Stellenbeschreibung
- Dienstanweisung Handlungsvollmachten und Unterschriftsberechtigungen
- Dienstanweisung Benutzung von firmeneigenen Kraftfahrzeugen
- Dienstanweisung Reiseordnung
- Dienstanweisung für die Regelung von Bewirtungskosten, Anbahnungsspesen und Imagewerbung
- Ablaufregelung für die Eingangs- und Ausgangspost
- Dienstanweisung Maßnahmen zur Verbesserung der Sicherheit in den Handelswaren- und Fertigwarenlagern
- Risikoanalyse und Risikokatalog Kassa
- Risikoanalyse Einkauf

17 Checklisten zur Prüfung und Beurteilung des Internen Kontrollsystems

ABC der Gestaltung und Prüfung des Internen Kontrollsystems (IKS) im Unternehmen

Praxisbeispiele und Checklisten für alle Unternehmensbereiche

Für AG und GmbH durch das IRÄG 1997 vorgeschrieben

von

Dr. Michael A. Klinger
Beeideter Wirtschaftsprüfer und Steuerberater, Salzburg

und

Oskar Klinger
Unternehmensberater, Salzburg

LINDE
VERLAG
WIEN

Die Deutsche Bibliothek — CIP-Einheitsaufnahme

Klinger, Michael A.:
ABC der Gestaltung und Prüfung des internen Kontrollsystems (IKS) im Unternehmen : Praxisbeispiele und Checklisten für alle Unternehmensbereiche ; für AG und GmbH durch das IRÄG 1997 vorgeschrieben / von Michael A. Klinger und Oskar Klinger. – Wien : Linde, 1998
(ABC ; 23)
ISBN 3-85122-849-9

ISBN 3-85122-849-9

1210 Wien, Scheydgasse 24, Tel.: 0222 / 278 05 26

Druck: Berger, Horn

Vorwort

Für die überlastete Unternehmensleitung wird es immer schwieriger, ihre Überwachungs- und Kontrollfunktionen auszuüben. Darüber hinaus verlangen seit 1. Juli dieses Jahres – eingeführt durch das Insolvenzrechtsänderungsgesetz (IRÄG) 1997 – das GmbH-Gesetz und das Aktiengesetz ein internes Kontrollsystem, das den Anforderungen des Unternehmens entspricht.

Die Öffentlichkeit wird regelmäßig in den Medien mit aufsehenerregenden Schadensfällen in Wirtschaft und Verwaltung konfrontiert, welche durch Inkompetenz, Fahrlässigkeit oder auch kriminelle Handlungen verursacht werden. Das ist aber sicher nur die Spitze des Eisbergs.

Überwachung und Kontrolle ist aber eine unabdingbare Managementaufgabe. Das „Interne Kontrollsystem" (IKS) soll hierbei helfen, daß

- durch kriminelle oder fahrlässige Handlungen das Unternehmensvermögen nicht geschädigt wird,
- durch Rationalisierungen und Kostensenkungen die betriebliche Effizienz verbessert wird und
- die Zuverlässigkeit des Rechnungs- und Berichtswesens gewährleistet wird.

Durch Beispiele aus der Praxis und Checklisten für alle Unternehmensbereiche können Sie Ihr eigenes Internes Kontrollsystem auf Sicherheit, Ordnungsmäßigkeit und Wirtschaftlichkeit überprüfen und gestalten.

Von jenen Personen, die zur Entstehung dieses Buches beigetragen haben, gilt unser Dank Herrn Steuerberater Manfred Rieger für die anregenden Diskussionen und die Durchsicht des Manuskriptes. Für die tatkräftige Unterstützung bei den Schreibarbeiten gebührt dem Sekretariat (Leiterin Daniela Fritz) der Kanzlei Dr. Klinger & Rieger, Wirtschaftsprüfer und Steuerberater, Salzburg, unser aufrichtiger Dank. Unseren Familien danken wir für die Geduld sowie die psychisch-moralische Unterstützung bei der „nebenberuflichen" Abfassung dieses Buches.

Salzburg, im September 1998 — Die Verfasser

Autoren

Dr. Michael A. Klinger ist selbständiger Wirtschaftsprüfer und Steuerberater in Salzburg sowie Lehrbeauftragter für Betriebswirtschaftslehre an der Universität Salzburg und Autor zahlreicher Aufsätze zum Thema „Frühwarnsysteme“ und zu Fragen des Steuerrechts.

Dir. Oskar Klinger war Leiter der Konzernrevision der Porsche Holding und ist nunmehr Unternehmensberater in Salzburg. Mit seiner langjährigen Praxis auf dem Gebiet des Revisionswesens wurde er sowohl als Trainer für Revisoren als auch als Fachvortragender bei zahlreichen Veranstaltungen im In- und Ausland bekannt.

Inhaltsverzeichnis

1. Einleitung

Aus den Medien erfährt die Öffentlichkeit immer wieder aufsehenerregende Schadensfälle in der Wirtschaft, die durch Fahrlässigkeit oder wirtschaftskriminelle Handlungen verursacht wurden. Was die Öffentlichkeit hierbei übersieht, ist daß nur von der Spitze des Eisberges berichtet werden kann. Welchen Grund sollte ein Unternehmen haben, dolose Handlungen, die zu Schäden geführt haben, zu veröffentlichen?

Zum Zeitpunkt der Drucklegung dieses Buches veröffentlichte die Hermes Kreditversicherung über den Betrug am Arbeitsplatz folgendes:

Immer häufiger betrügen Mitarbeiter ihre Firma. Nach Angaben der Hamburger Hermes Kreditversicherung AG nahmen die Delikte Veruntreuung, Betrug und Unterschlagung durch Beschäftigte in den 90er Jahren zu: 40% der Schäden an den Firmen würden diesen von Mitarbeitern zugefügt. Allein 1997 habe dies rund 35,2 Mrd. öS ausgemacht. Die Zahl der Schadensfälle hat sich seit 1991 auf 780.000 fast verdoppelt. Einerseits ist dies mit Wertewandel, Sucht und wirtschaftlicher Notlage der Mitarbeiter zu erklären. Andererseits werden Kontrollen abgebaut, Arbeitsverhältnisse anonymisiert und damit Veruntreuung erleichtert.

Es müssen auch nicht immer spektakuläre Schadensfälle sein:

- Wer hat noch nie von einem Buchhalter gehört, der gleichzeitig die Kassa führte und durch jahrelange Malversationen dem Unternehmen einen Millionenschaden zufügte?
- Oder vom Einkäufer, der durch Bevorzugung gewisser Lieferanten jahrelang Provisionen kassierte?
- Oder vom Nachtportier, der den Zimmerpreis von spät ankommenden und am nächsten Morgen früh abreisenden Gästen unterschlug?
- Oder vom Versicherungsverwalter im Unternehmen, der jahrelang behauptete, es sei wirtschaftlich klug, mit allen Polizzen bei einer Versicherung zu bleiben, nur damit er seine Provisionen weiterfließen lassen konnte?
- Dann gab es doch auch den Kundenbuchhalter, der bestehende Forderungen über das Wareneinkaufskonto ausbuchte. Ein Konto, das ohnehin niemand mehr anschaut.
- Im Wareneingang drückte jahrelang ein Mitarbeiter die Augen zu und hielt dafür die Hand auf, anstatt die mangelhaften Lieferungen zu beanstanden. Glücklicherweise kam man ihm auf die Schliche, weil er auch fallweise Naturalrabatte nicht in die Bestandsführung nahm, sondern für sich unterschlug.
- Wieso erhielten Kunden Gutschriften, obwohl die reklamierten, angeblich schadhaften Waren nie retourniert oder besichtigt wurden?
- Haben Sie schon von einem Außendienstmitarbeiter gehört, der es mit Reise- und Spesenabrechnung ganz genau nahm?

- Es soll auch vorgekommen sein, daß während der Abrechnungsperiode ausgeschiedene Mitarbeiter bis zum Monatsultimo auf der Lohnliste standen.
- Warum hatte die langjährige bewährte Kassierin im Ladenverkauf den Z-Schlüssel, um den totalen Kassaabschluß abends zu machen? Nur so konnte sie in Abwesenheit des Chefs um 17.00 Uhr abschließen und bis 18.00 Uhr auf ihre Rechnung kassieren.

Es werden Ihnen sicher noch einige Beispiele selbst einfallen, die man als Geschäftsführung nicht an die große Glocke hängen möchte.

Zur Hintanhaltung doloser und fahrlässiger Handlungen müssen unbedingt die Risiken minimiert werden.

Es ist daher unumgänglich, daß sich jedes Unternehmen sein „Internes Kontrollsystem“ aufbaut, gestaltet, laufend überprüft und verbessert.

2. Überwachung als Managementfunktion

Die klassische Führungs- und Managementaufgabe besteht aus:

- Zielsetzung und -planung = Willensbildung
- Entscheiden, Organisieren, Durchführen = Willensdurchsetzung
- Kontrollieren/Überwachen = Willenssicherung

Man bezeichnet diesen sich immer wiederholenden Vorgang als Managementkreis. Demnach ist die Überwachung des betrieblichen Geschehens, die Feststellung, ob die Ergebnisse der Realisationsphase mit der Planung übereinstimmen (Soll-Ist-Vergleich) und die organisatorischen Regelungen wirksam sind und eingehalten werden, ein unabdingbarer, nicht delegierbarer Teil der Führungsverantwortung.

Leider wird diese letzte Managementaufgabe zu wenig wahrgenommen. Von den Geschäftsführungen werden dann gerne die Argumente vorgebracht, daß man für die Kontrolle zu wenig Zeit habe und die Willenssicherung kraft der eigenen Autorität auch ohne Kontrolle funktioniere. Außerdem habe man jahrelang bewährte Mitarbeiter, die keine ständige Überwachung benötigen. In Wirklichkeit bevorzugt der Unternehmer den seiner Meinung nach kreativeren Teil der Managementfunktion, nämlich die Planung und die Organisation der Durchführung. Für viele ist Kontrolle und Überwachung zu wenig schöpferisch und befriedigend.

In Kleinbetrieben reicht für die interne Kontrolle mehr oder weniger die persönliche Überwachungstätigkeit der ständig anwesenden Geschäftsführung. Darüber hinaus gibt es in solchen Unternehmen auch eine Aufbau- und Ablauforganisation, die eine automatische Kontrolle der geschäftlichen Abläufe sicherstellen soll. Bei wachsender Größe eines Unternehmens und damit verbundener Arbeitsteilung wird eine Systematisierung der Kontrolle notwendig. Die Gesamtheit der Methoden und Maßnahmen für diese Systematisierung wird als „Internes Kontrollsystem" (IKS) bezeichnet.

3. Ziele des Internen Kontrollsystems

Es sollen in jedem Unternehmen planvoll Methoden und Maßnahmen mit oder ohne Kontrollcharakter in der Organisation gesetzt werden, die

- das Vermögen des Unternehmens sichern,
- die betriebliche Effizienz steigern,
- die Zuverlässigkeit des Rechnungs- und Berichtswesens gewährleisten,
- die Einhaltung der vorgeschriebenen Geschäftsrichtlinien und gesetzlichen Vorschriften sicherstellen.

Es geht dem Internen Kontrollsystem nicht nur um die Abwendung von Schadensfällen und um die Kontrolle der Einhaltung von Richtlinien und Vorschriften, sondern auch wesentlich darum, daß das Rechnungs- und Berichtswesen wahr, transparent und somit für die betriebswirtschaftliche Führung geeignet ist. Das Interne Kontrollsystem muß zur ständigen Verbesserung der betrieblichen Effizienz Methoden und Maßnahmen vorsehen, damit Verlustquellen aufgespürt und Rationalisierungen, die zu einer Kostensenkung und Gewinnoptimierung führen, vorgenommen werden.

Sicherheit, Ordnungsmäßigkeit und Wirtschaftlichkeit aller Abläufe sollen durch das IKS gewährleistet sein.

3.1. Sicherheit

Die Sicherheit von geschäftlichen Abläufen ist gegeben, wenn alle wirtschaftlich vertretbaren Maßnahmen gesetzt wurden, um die Wahrscheinlichkeit eines Schadens im Vermögen des Unternehmens zu minimieren.

Die Möglichkeiten eines Schadenseintritts sind in allen Abläufen vorhanden. Es gilt die Risikofaktoren laufend auf ihre Gefahrenserhöhung zu überprüfen.

Die Risiken müssen nicht durch die Möglichkeit von bewußten dolosen Handlungen gegeben sein. Sie können auch zufällig durch menschliches oder technisches Versagen oder durch höhere Gewalt auftreten.

Die oberste Führungsebene kann nicht alle Maßnahmen zur Sicherheit aller Geschäftsabläufe setzen, weil sie im Detail nicht alle Abläufe kennt. Sie hat aber durch Delegation dafür zu sorgen, daß auch die Sicherheitsmechanismen in den unteren Ebenen eingeführt und eingehalten werden.

Beispiele für Sicherheitsmechanismen:

- Sicherstellung, daß jede Lieferung und Leistung zu einer Faktura führt,
- Bonierungssystem Restaurants,
- Stundenverrechnung und Zeitnahmesysteme in KFZ-Werkstätten,

- EDV-gestützte, automatische Übernahme von ausgefaßten Materialentnahmen auf die Faktura,
- Warencodierung im Einzelhandel, Lesepistolen, Lesebänke,
- automatische Verbuchung von Telefongebühren auf Gästerechnungen, Profit Centers oder Kostenstellen (bei Kostenrechnung),
- alle Maßnahmen zur Datensicherheit.

3.2. Ordnungsmäßigkeit

Die Ordnungsmäßigkeit in den Geschäftsabläufen ist immer nur dann gegeben, wenn die

- sachliche Richtigkeit
- formelle Richtigkeit
- Vollständigkeit
- termingerechte Durchführung
- Dokumentation
- Nachvollziehbarkeit
- Einhaltung des gesetzlichen Vorschriften

gewährleistet ist.

Beispiel: Ordnungsmäßigkeit für den Geschäftsablauf „empfangene Lieferungen und Leistungen"

- Bedarfsmeldung
- Angebotseinholung
- Bestellung
- Wareneingang

1. Sachliche Richtigkeit: Wareneingang bestätigt, Rechnungsprüfung durchgeführt, Einhaltung Genehmigungsverfahren bei der Bedarfsmeldung.
2. Formelle Richtigkeit: Umsatzsteuergerechte Eingangsrechnungen.
3. Vollständigkeit: Wenn für alle erhaltenen Lieferungen und Leistungen Eingangsfakturen vorhanden sind.
4. Termingerecht: Die Rechnungslegung durch den Lieferanten, der Wareneingang und die Rechnungsprüfung sollen den termingerechten Vorsteuer- und Skontoabzug gewährleisten.
5. Dokumentation: Ablage des gesamten Beschaffungsvorganges muß vollständig, systematisch übersichtlich und leicht auffindbar sein.

6. Nachvollziehbarkeit: Die Vorgänge von der Bedarfsmeldung über die Angebotseinholung über die Bestellung zum Wareneingang müssen von einem sachverständigen Dritten in zumutbarer Zeit nachvollzogen werden können.
7. Einhaltung gesetzlicher Vorschriften: Die Beschaffung darf sich keiner illegalen Quellen bedienen (z.B. sogenannter bedenklicher Ankauf, Pfuscherleistungen).

Beispiel: Ordnungsmäßigkeit bei EDV-Verbuchungen

1. Materielle Richtigkeit: Programmierte Sicherstellung, daß nur sachlich und rechnerisch richtige Belege verarbeitet werden.
2. Formelle Richtigkeit:
   2.1. Belegentwertung
   2.2. Zuordnungsmerkmale
      – Konto/Kostenstelle
      – Gegenkonto
      – Beleghinweis
      – Buchungsraffungen
3. Vollständigkeit der Verarbeitung der Belege: ist durch programmierte Kontrollen zu erbringen.
4. Chronologie der Verarbeitung = termingerecht
5. Dokumentation:
   Beschreibung und Regelung der:
   – Datenerfassung
   – Dateneingabe
   – Abstimmverfahren
   – Datensicherung
   – Überleitung der Daten an den Schnittstellen zu anderen Verfahren
   – Freigabeverfahren der Programme
6. Nachvollziehbarkeit:
   6.1. Nachweis des ursprünglichen Inhaltes bei Veränderungen
   6.2. Richtigkeit der Verarbeitung muß durch sachverständigen Dritten in zumutbarer Zeit prüfbar sein
7. Einhaltung gesetzlicher Vorschriften: Sichere und dauerhafte Speicherung der Daten im Rahmen der gesetzlichen Aufbewahrungspflicht.

3.3. Wirtschaftlichkeit

Die regelmäßige Prüfung der Wirtschaftlichkeit aller betrieblichen Abläufe muß durch das Interne Kontrollsystem gegeben sein.

Dazu gehört zum Beispiel:

- Systematisierte Überwachung des Energieverbrauches (Tarifwahl, Reduzierung der Anschlußwerte, Überwachung der Spitzenbelastung, rationeller Einsatz großer Verbraucher, Zeitschalter etc.),
- Systematisierte, präventive Instandhaltungspläne,
- Systematisierte Telefonkostenüberwachung,
- Automatisierte EDV-gestützte Überwachung der Lagerumschlagshäufigkeit und Bevorratungshöhe.

Nicht alle Kontrollen können aus Kosten-/Nutzenüberlegungen durchgeführt werden. Die Kosten einer Kontrolle dürfen nicht höher als der mögliche Schaden sein. Ein Restrisiko wird trotz eines Internen Kontrollsystems immer verbleiben.

Kosten des Internen Kontrollsystems

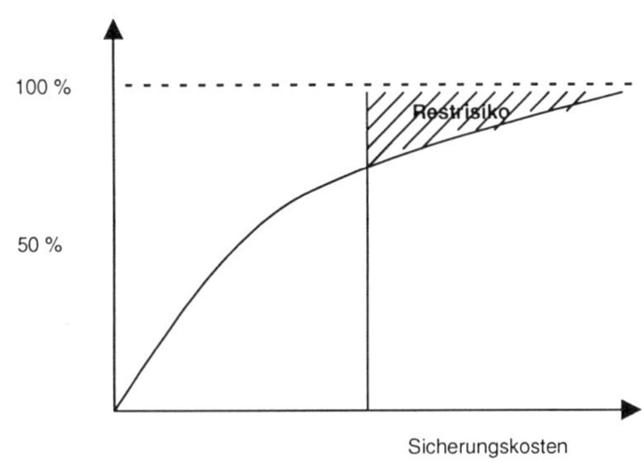

Für Kontrollen gilt das ökonomische Prinzip jedoch nur, wenn die Ordnungsmäßigkeit nicht gefährdet wird.

4. Gliederung des Internen Kontrollsystems

Das IKS läßt sich wie folgt gliedern:

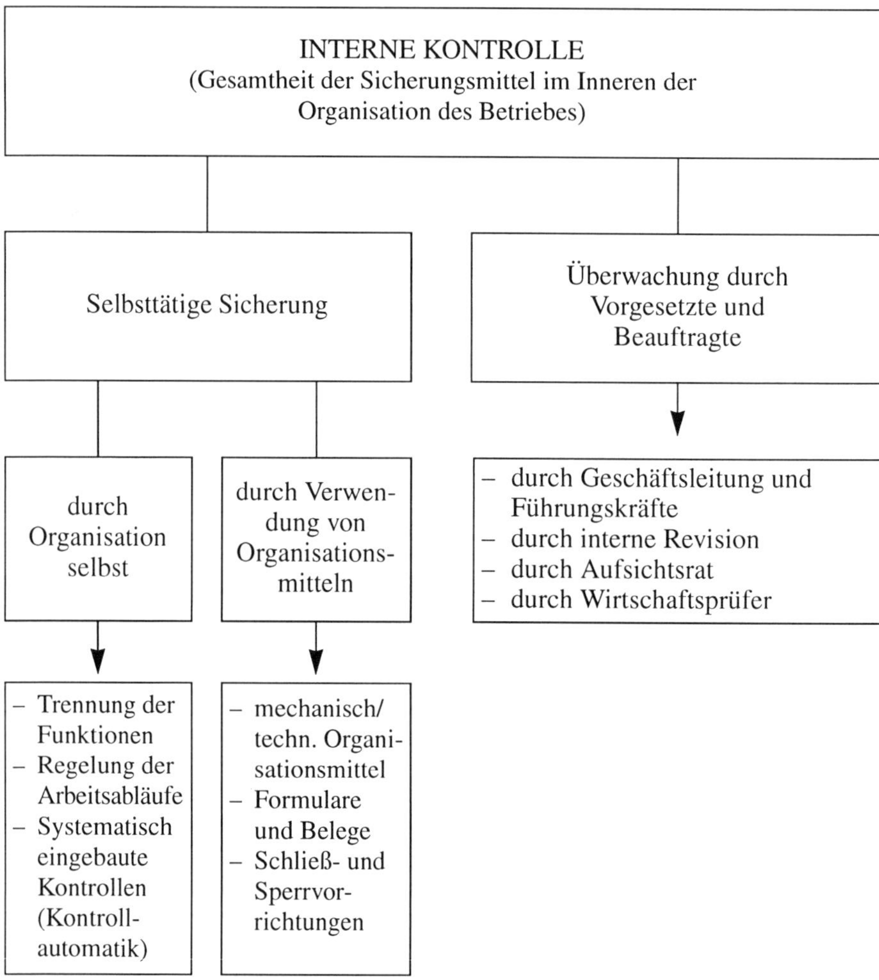

4.1. Organisationsgrundsätze

4.1.1. Trennung der Funktionen

Dieser Grundsatz verlangt, daß folgende Funktionen unvereinbar sind:

- Genehmigung
- Durchführung
- Verbuchung
- Kontrolle

Die Funktionstrennung ist der wichtigste Grundsatz des IKS. Kein Geschäftsvorfall sollte von seinen Anfängen bis zur endgültigen Erledigung in einer Hand liegen. Je mehr Personen sich gegenseitig kontrollieren und in die Abwicklung eines Vorganges eingeschaltet sind, desto größer ist die Gewähr für den Schutz des Vermögens des Unternehmens und die Fehlerlosigkeit der Abrechnung.

Beispiele von unvereinbaren Funktionen:

- Kassa und Buchhaltung
- Einkauf und Wareneingang
- Lohnverrechnung und Kassa
- Verkauf und Bonitätsprüfung
- Verkauf und Auszahlung von Vermittlungsprovisionen.

Eine solche Trennung von nicht zu vereinbarenden Funktionen läßt sich im Arbeitsablauf nicht immer einhalten. In solchen Fällen empfiehlt es sich, die persönliche Überwachung zu verstärken, gegebenenfalls die Sachbearbeiter auszuwechseln (Urlaubsvertretungen) oder/und durch Job Rotation und Cross Training einen regelmäßigen Stellenwechsel zu erreichen.

4.1.2. Die Kontrollspanne

Bei der Festlegung oder Überprüfung von Funktionen ist das Ausmaß der „Kontrollspannen" zu beachten.

Die Kontrollspanne eines jeden Vorgesetzten ist begrenzt. Wirkungsvoll führen und überwachen kann ein Leitender nur im Ausmaß der ihm zur Verfügung stehenden Arbeitszeit. Auch die Art der Aufgaben seines zu überwachenden Bereiches begrenzt seine Kontrollspanne. Arbeiten mit Routinecharakter sind leichter zu überwachen.

So ist es für einen Verkaufsleiter nicht möglich, 32 Personen in direkter Linie zu führen, wie folgendes Beispiel zeigt:

Personen	**Tätigkeit**
3	Produktmanager
16	Vertreter
3	Werbeabteilung (Mediaplanung, Gestaltung, Grafik)
2	Marktforschung
1	Verkäuferforschung
1	Mediaplanung
2	Kalkulation
2	Garantie + Reklamationen
2	Kundendienst – After Sales

So wird man (unseres Erachtens) in der untersten Führungsebene acht bis zwölf Linienstellen, in der obersten jedoch nur drei bis fünf führen und überwachen können.

4.1.3. One man – one responsibility

Jede Organisationseinheit kann für ihre Aufgabenerfüllung nur eine verantwortliche Person haben

4.1.4. Übereinstimmung Kompetenz – Befugnis – Verantwortung

Es ist jedoch zu beachten, daß für jede Funktion Kompetenz, Befugnis und Verantwortung übereinstimmen müssen.

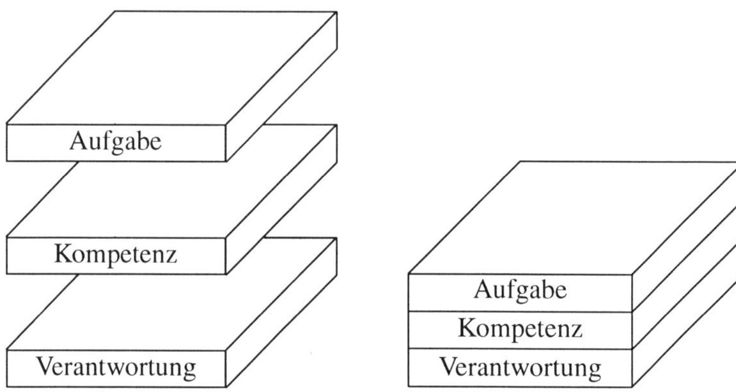

Beispiel für Nichtübereinstimmung von Kompetenz, Befugnis und Verantwortung:

Ein Unternehmen wird auf Profit-Center-Basis geführt. Jeder Leiter eines Profit-Centers hat die volle Ergebnisverantwortung.

Die Unternehmensleitung behält sich lediglich die alleinige Entscheidung für Personaleinstellung und Investitionen vor.

Aufgabe: ja

Kompetenz: nein

Verantwortung: ja

In kleineren Unternehmen sind diese Prinzipien aus Kosten-/Nutzenüberlegungen nicht immer einzuhalten. Doch muß dann allen bewußt sein, daß eine solche Situation eine potentielle Schwachstelle darstellt und von der übergeordneten Stelle in die direkte Überwachung einzubeziehen ist.

4.2. Regelung der Arbeitsabläufe

Eine weitere selbsttätige Sicherungsmaßnahme ist die Regelung der Arbeitsabläufe. Das wird beispielsweise erreicht durch:

4.2.1.

Klare und detaillierte Arbeits- und Dienstanweisungen für routinemäßige Arbeitsabläufe sowie Erstellung von Ablaufdiagrammen. Solche Regelungen von Arbeitsabläufen in Form von Dienstanweisungen empfehlen sich beispielsweise für den sensiblen Bereich der

- Kassaführung: Hier wird die Ordnungsmäßigkeit und Sicherheit für alle im Unternehmen geführten Kassen festgelegt. Die Form und Ordnungsmäßigkeit der Belege und Eintragungen, der Kassasturz, die Schlüsselregelung, die Scheckkarten- und Bankomatabwicklung sowie Geldtransporte werden hierdurch geregelt (siehe Anlage 1: Dienstanweisung Kassaordnung).
- Einkaufsabwicklung: Damit werden Zielsetzung, Organisationsmittel, berechtigte Personen für die Bedarfsmeldung, Angebotseinholung, Bestellungen, Wareneingang und die Geschenkannahme geregelt (siehe Anlage 2: Dienstanweisung Einkauf).
- Durchführung der Inventuren: Regelung der Formvorschriften, Anleitung zur Durchführung der Inventuren (siehe Anlage 3: Dienstanweisung Inventuren).

4.2.2.

Festlegung der zu akzeptierenden Abweichungstoleranzen. Jede Richtlinie muß notgedrungen Abweichungen akzeptieren. Diese müssen jedoch eindeutig festgelegt und bekanntgemacht sein, zum Beispiel: tolerierte Inventurdifferenzen, Kassenmanki, Ladenhüteranteil.

4.2.3.

Stellenbeschreibungen, die Ziel, Kompetenz und Aufgaben der einzelnen Stellen festlegen. Stellenbeschreibungen sind besonders für Führungskräfte sinnvoll und ein Beitrag für die eindeutige Regelung der Arbeitsabläufe. Anlage 4 zeigt eine Stellenbeschreibung aus der Praxis.

4.2.4.

Vollmachts- und Befugniserteilung. Wenn entsprechende Stellenbeschreibungen für Führungskräfte fehlen, sind Kompetenz und Aufgaben oft nicht klar und deutlich definiert. Meistens fehlen dann auch die eindeutigen Vollmachtserteilungen. Eindeutig sind Befugnisse und Vollmachten dann, wenn sie schriftlich dokumentiert sind. Anlage 5 zeigt eine Anweisung über Handlungsvollmachten und Unterschriftsberechtigungen sowie ein Verzeichnis der autorisierten Kontrollparaphen.

4.2.5.

Bewilligungsverfahren für sensible Geschäftsfälle.

4.2.6.

Festlegung der Geschäftsadministration. Auch administrative Abläufe sollen zur Vermeidung von geschäftsschädigenden Handlungen festgelegt werden. So ist bei einem größeren Fuhrpark die Benutzung der Firmenfahrzeuge zu regeln. Die Führung des Fahrtenbuches, der Fahrtenschreiber, die Wartung und Pflege von Firmenfahrzeugen, das Verhalten bei Verkehrsunfällen und Beschädigungen, Versicherungsmodalitäten, Strafmandate, Tanken, Privat- und Auslandsfahrten werden hierdurch geregelt. Ein Beispiel aus der Praxis hierfür findet sich in der Anlage 6.

Bei einem größeren Vertreterstab und mehreren Mitarbeitern im Außendienst ist für die Wirtschaftlichkeit und Ordnungsmäßigkeit auch eine Reiseordnung zweckmäßig. Die Reisespesensätze für Inlands- und Auslandsdienstreisen, die Hotelbenutzung, Überstunden auf Dienstreisen, Reisekostenabrechnung, Benützung öffentlicher Verkehrsmittel, Dienstwagen, Flugreisen sind dann zu regeln. Ein Beispiel finden Sie in der Anlage 7.

In sehr verkaufsintensiven Unternehmen mit großem Vertreter- und Verkäuferstab stellen auch die Repräsentations-, Bewirtungs- und Geschäftsanbahnungsspesen ein administrativ zu kontrollierendes Problem dar.

Reine Repräsentationsausgaben sind steuerlich nicht als Betriebsausgaben anerkannt; solche Kosten sollen auch keine Vorteile aus dem Dienstverhältnis sein. Damit diese außerdem im Rahmen bleiben, empfiehlt es sich, diese Ausgaben mittels einer Dienstanweisung zu regeln. In der Anlage 9 finden Sie eine Regelung aus der Praxis.

4.2.7.

Protokollierung von Soll-Ist-Abweichungen vorgegebener Geschäftsabläufe, z.B.

- Übersendung des Kassasturzprotokolls bei Kassenmankos ab einem gewissen Toleranzbetrag
- Soll-Ist-Differenzliste zwischen Buch- und Zählbestand nach der Inventur
- Stillstandsmeldung der Produktionsmaschinen
- Ausschuß- bzw. Abfallquoten

4.2.8.

Dokumentation, wodurch jeder Vorgang transparent bleibt und von einem sachverständigen Dritten in angemessener Zeit nachvollzogen werden kann.

- Beispielsweise sollte im Einkauf durch Ablage der Angebots-Vergleichsblätter jede Einkaufsentscheidung nachvollziehbar sein.

- Für jede Gutschrift an Kunden wegen Reklamation oder Gewährleistung muß z.B. eine Unterlage abgelegt und leicht auffindbar sein.

4.2.9.

Ablaufregelung für die Ein- und Ausgangspost, Fernschreiben, Telefax

Die Behandlung der eingehenden Post, Eingangsstempel, Verteilung an die Bearbeiter, Faxeingänge, Dokumente, vertrauliche Post, Rechnungen, Bankauszüge, Kontonachrichten des Finanzamtes, Ausgangspostabfertigung sowie die Unterschriftsregelung nach dem Vier-Augen-Prinzip wären hier festzulegen (siehe Anlage 9: Ablaufregelung für die Ein- und Ausgangspost).

4.3. Systematisch eingebaute Kontrollen (Kontrollautomatik)

Maßnahmen zur Kontrollautomatik sind insbesondere in den EDV-gestützten Abläufen vorzusehen. Eine programmierte Kontrolle muß zwangsläufig wirksam sein.

Das wird z.B. durch alle Prüfprogramme, Vollständigkeitskontrollen, Kontrollen von Abstimmkreisen, Kontrollsummen und automatische Belegnummernvergabe erreicht. Durch automatische Protokollierung muß sichergestellt sein, daß bei jeder Veränderung von Daten die Ursache und der Verursacher nachträglich festgestellt werden können.

Aber auch bei manuellen Arbeitsabläufen kann eine Kontrollautomatik eingebaut werden. Durch das Vier-Augen-Prinzip bei der Unterschriftsregelung, Genehmigungs- und Bestätigungsverfahren kann eine (allerdings umgehbare) Kontrollautomatik erreicht werden. Auch angeordnete Parallelarbeiten und Arbeitswiederholungen können, wenn sie systematisch im Arbeitsablauf eingebaut sind, ein Mittel zur Kontrollautomatik sein.

4.4. Mechanisch-technische Organisationsmittel

Hierbei kommen vorwiegend in Betracht:

- EDV-Systeme
- Registrierkassen
- Zeitnahmegeräte
- Fahrtenschreiber
- Wiege- und Meßeinrichtungen
- Zufallsgeneratoren für Torkontrollen.

4.5. Formulare und Belege

Vorgefertigte Belege sollen die Bearbeiter zu Einhaltung einer bestimmten Schrittfolge zwingen und somit die Arbeitsabläufe sichern. Belege, die ihrerseits das Ausstellen weiterer Belege auslösen oder Wertab- und -zuflüsse bewirken, müssen vornumeriert und verrechenbar sein. Eine Regelung bezüglich der Belegentwertung und Ersatzbelege (z.B. Fotokopien) sollte ebenfalls unbedingt getroffen werden.

4.6. Schließ- und Sperrvorrichtungen

Die Sicherheit der materiellen und immateriellen Werte des Unternehmens hängt nicht zuletzt von den Schließ- und Sperrvorrichtungen ab. Aber auch ausgeklügelte Schlüsselsysteme, automatische Schließvorrichtungen und Codekarten, die Zutrittsberechtigungen regeln, können die persönlichen Verschlußkontrollen nicht ersetzen.

Besondere Beachtung ist in diesem Zusammenhang dem Handelswaren- und Fertigwarenlager zu geben. Hier sind der Lagerzutritt, der Tür- und Torverschluß, die Torkontrollen für ausgehende LKW, die gesonderte Lagerung diebstahlgefährdeter und gefährlicher Waren, die Vernichtung und Verschrottung obsoleter Waren, die permanente Inventurverpflichtung, die Verrechnung, Fakturierung und das Verfahren für den Wareneingang zu regeln.

Auch die Maßnahmen für die Einstellung von vertrauenswürdigem Personal und Vermeidung von Diebstahl durch das Personal (Torkontrollen) wären festzulegen. Eine solche Dienstanweisung aus der Praxis finden Sie in der Anlage 10.

Unerläßlich ist z.B. in der EDV die Zutrittssicherung durch „Passwords" und das automatische „sign off". Niemand soll die Möglichkeit des unberechtigten Einblicks, der Manipulation oder des unbeabsichtigten Eingriffes in das EDV-System haben.

4.7. Überwachung durch Vorgesetzte

Eine persönliche Überwachung durch den Vorgesetzten ist laufend erforderlich, auch wenn er den Mitarbeitern voll vertraut. Diese Aufsicht bezieht sich auf den Arbeitsablauf. Die Führungskraft muß die Schwerpunkte der Tätigkeit ihrer Mitarbeiter überblicken und wissen, wo entscheidende Fehlerquellen und besondere Gefahren liegen können. Die persönliche Überwachung ist nicht so zu verstehen, daß die Führungskraft den Mitarbeitern ständig über die Schulter schaut. Sie sollte sich darauf beschränken, zu wechselnden und den Mitarbeitern nicht bekannten Zeiten zu prüfen, ob sich diese fachlich und führungsmäßig richtig verhalten. Beispielsweise kann sie einen Fall herausgreifen und von Anfang bis Ende durchprüfen oder die Ein- und Ausgangspost kontrollieren.

Darüber hinaus ist eine laufende Überwachung aller in Verwendung befindlichen Organisationsmittel auf ihre Manipulationssicherheit notwendig.

4.8. Überwachung durch Beauftragte

Die Unternehmensleitung kann sich zur Überwachung verschiedener Organe bedienen.

Das kann

- die interne Revision,
- der Aufsichtsrat oder
- der Wirtschaftsprüfer

sein.

Durch die Beauftragung zur Überwachung wird sie jedoch selbst nicht von ihrer originären Führungsverpflichtung zur Kontrolle entbunden.

4.9. Akzeptanz des Internen Kontrollsystems

Das IKS verlangt von allen Mitarbeitern Bereitschaft zur Kontrolle und ihrer Akzeptanz und soll nicht als Ausdruck des Mißtrauens verstanden werden. Jeder im Unternehmen muß überzeugt sein (werden), daß ein funktionierendes IKS den Führungskräften und Mitarbeitern bei der Erfüllung ihrer Aufgaben hilft.

Es muß darauf geachtet werden, daß das IKS nirgendwo durch persönliche Beziehungen und Gruppenbildungen unterlaufen wird.

Auch ein gut funktionierendes IKS kann Fehlleistungen nicht gänzlich verhindern und entbindet keinen Mitarbeiter davon, hinaus Umsicht, Sorgfalt und Genauigkeit walten zu lassen.

5. Abgrenzung Interne Kontrolle – Revision

5.1. Kontrolle

Kontrollen sind prozeßgebundene Einrichtungen und Maßnahmen zur laufenden Überwachung und Regelung von Abläufen nach vorgegebenen Normen. Kontrollen sind demnach Aufgaben der Linienfunktionen.

Jede Kontrolle ist ein Soll-Ist-Vergleich. Ohne Soll-Vorgabe (Normen) ist eine Kontrolle somit nicht durchführbar. Die Kontrollen sollten nicht unbedingt nebeneinander stehen, sondern nach Möglichkeit sinnvoll miteinander verknüpft sein, sodaß bei Ausfall eines bestimmten Kontrollvorgangs ein anderer wirksam werden kann.

Das IKS muß, um wirksam zu sein, zwangsläufig eine Meldung für die Soll-Ist-Abweichung auslösen sowie korrigierende Maßnahmen bewirken.

5.2. Interne Revision

Die „Interne Revision“ ist eine der obersten Leitung unterstellte, vom laufenden Arbeitsprozeß losgelöste Stabstelle zur unternehmerischen Überwachung aller Bereiche, insbesondere des Internen Kontrollsystems. Die „Revision“ ist eine Stabsfunktion. Sie ist die Kontrolle der Kontrolle.

6. Gestaltung des Internen Kontrollsystems

Die Gestaltung des IKS verlangt eine planmäßige Vorgangsweise. Für die Gestaltung eines IKS empfiehlt sich, das Unternehmen nicht nach der hierarchischen Aufbauorganisation, sondern nach Funktionsbereichen zu gliedern (z.B. Bedarfsmeldung der Verbraucher, Einkauf, Wareneingang, Rechnungsprüfung und Lagerhaltung).

6.1. Risikoprüfung

Die so ermittelten Funktionsbereiche werden sodann auf die Wahrscheinlichkeit und Möglichkeiten eines Schadenseintrittes untersucht, die durch Verstöße gegen die drei Säulen des IKS, nämlich Sicherheit, Ordnungsmäßigkeit und Wirtschaftlichkeit, hervorgerufen werden.

6.1.1. Wo liegen die Risikobereiche im Unternehmen?

Gefährdet sind zunächst verwertbare oder verwendbare Güter wie:

- Geld, geldähnliche Werte
- Vorräte (Handelswaren, Produktionsmaterial, Werbegeschenkartikel, etc.)
- bewegliche Anlagegüter (besonders die geringwertigen Wirtschaftsgüter)
- Forderungen und Verbindlichkeiten
- Geschäftsgeheimnisse, Kundenadressen, Know-how, Software.

Vorwiegend kommen dolose Handlungen in folgenden Unternehmensbereichen vor:

- Kassa
- Einkauf
- Wareneingang
- Lager- und Materialwirtschaft
- Buchhaltung und EDV
- Verkauf
- überall wo fakturiert und verrechnet wird (Gutschriften, Reklamationen, interne Lieferungen und Leistungen, Hauswerkstätten, Reisekosten- und Spesenabrechnungen).

Welche allgemeinen Risiken beispielsweise in der Kassaführung und im Beschaffungswesen vorhanden sind, können Sie den Risikoanalysen (Anlage 11 und 12) entnehmen. Eine Risikoanalyse in den eigenen Unternehmensbereichen wird zusätzlich noch die betriebsspezifischen Risiken enthalten.

6.1.2. Welche Voraussetzungen müssen in diesen Bereichen gegeben sein?

Es muß zunächst die Zugriffsmöglichkeit auf Unternehmenswerte und Leistungen vorhanden sein. Wenn nun durch ein mangelndes internes Kontrollsystem die Möglichkeit der Verschleierung oder ein geringes Entdeckungsrisiko besteht, sind die Voraussetzungen für dolose Handlungen gegeben.

6.1.3. Dialogverarbeitungen

Dialogverarbeitungen, d.h. die von einer Person durchgeführte und vollständige Bearbeitung von Geschäftsfällen am Erfassungsplatz, werden in Zukunft immer massiver die interne Kontrolle erschweren. Umso mehr wird man an solchen Stellen programmierte Kontrollen einbauen, die Arbeitsabläufe, Formulare und Belege exakt vorgeben, aber auch die persönliche Überwachung verstärken müssen. Abweichungen vom Soll müssen im System zur zwangsläufigen Protokollierung und Dokumentation führen.

6.2. Erstellung einer Risikenliste für den zu prüfenden Bereich

Das setzt ein Erkennen der Möglichkeiten für dolose und fahrlässige Handlungen voraus („Think like a thief").

6.2.1. Geschäftsschädigende (dolose) Handlungen

- Diebstahl, Unterschlagung, Schmiergeldannahme
- Manipulation

  Hierzu gehören z.B. im EDV-Bereich:
  - unerlaubte Entnahme aus oder Einsicht in Dateien
  - erlaubte, aber nicht notwendige Einsicht, Entnahme oder Ausleihungen
  - unzulässige und unnötige Zugriffsberechtigungen zu Terminals
  - mangelhafte Datensicherung
  - absichtliches Unterlassen von Ordnungsmäßigkeit, Sicherheit und Wirtschaftlichkeit
- Sabotage
- Spionage
- grob fahrlässige Handlungen.

6.2.2. Unbeabsichtigte Risiken – höhere Gewalt

Aber auch unbeabsichtigte Risiken, wie höhere Gewalt, technische Pannen oder Versehen, müssen erkannt werden (safety and security).

Mit der Erstellung der Risikenliste sollte eine Bewertung der Risiken einhergehen. Da Höhe und Häufigkeit von möglichen Schäden nicht von vornherein bewertbar sind, wird eine solche Bewertung zwecks Vermeidung von Subjektivität einem „Gruppenurteil" zu unterziehen sein.

6.3. Präventive Maßnahmen und Kontrollen

Zur Minimierung der in der Risikenaufstellung festgehaltenen Gefahren muß nun ein Maßnahmen- und Kontrollkatalog entwickelt werden.

Hierbei ist auf die Trennung unvereinbarer Funktionen zu achten, die Arbeitsabläufe sind so festzulegen, daß möglichst viel der Kontrollautomatik unterliegt.

Zu beachten ist ferner, daß die Kontrollautomatik nicht immer zwangsläufig und somit umgehbar ist. Wenn die Arbeitsabläufe abteilungsübergreifend sind, muß die Kontrolle trotzdem überschaubar bleiben.

Weitestgehend sollen mechanisch/technische Organisationsmittel verwendet werden, die programmierte Kontrollen ermöglichen.

Zu den präventiven Maßnahmen gehört auch eine Revision. Das heißt, daß jeder Mitarbeiter in jeder Hierarchiestufe jederzeit damit rechnen muß, daß sein Aufgabengebiet einer kritischen Prüfung unterzogen werden kann.

Wenn längere Zeit keine Fehler oder Abweichungen festgestellt werden, hat die laufende Kontrolle leider die Tendenz, nachzulassen. Potentiell für dolose Handlungen anfällige Mitarbeiter bemerken diese Lücken und nützen diese für ihre Manipulation. Die Wirksamkeit der internen Kontrolle muß daher durch die Unternehmensleitung oder Revision in regelmäßigen Abständen überprüft werden.

6.4. Erstellung eines Kontrollkatalogs anhand der Risikenliste

Nach der Risikoprüfung und Erstellung der Risikenliste werden die Kontrollen und präventiven Maßnahmen entwickelt.

Vor der Einführung sollte jedoch geprüft werden, ob die entwickelten oder vorhandenen Kontrollen alle Gefahren der Risikenliste abdecken.

6.5. Persönliche Überwachung

Der Soll-Ist-Vergleich wird natürlich zeigen, daß auch ein noch so ausgefeilter Kontrollkatalog nicht alle Risiken abdecken kann. Die persönliche Überwachung durch Vorgesetzte und Organe wird trotz aller Maßnahmen zur selbsttätigen Sicherung unerläßlich sein.

6.6. Flankierende Maßnahmen

Bei Neueinstellungen von Personal für Aufgaben, die geschäftsschädigende Handlungen ermöglichen, muß neben der fachlichen Voraussetzung auch die Zuverlässigkeit und Vertrauenswürdigkeit des Bewerbers beurteilt werden.

Polizeiliche Führungszeugnisse und Auskunftseinholung bei Vordienstgebern sollten nicht nur für Vertrauensstellungen, sondern für alle diebstahlgefährdeten Stellen verlangt werden.

Besondere Vertrauensstellungen sollten überhaupt nur mit Mitarbeitern besetzt werden, die schon längere Zeit der Firma angehören. In größeren Unternehmen haben sich auch die systematisierten Mitarbeiterbeurteilungssysteme bewährt, weil sie frühzeitig die Zuverlässigkeit und Vertrauenswürdigkeit aufzeigen helfen.

7. Schlußbemerkungen

Solange Menschen mit sensiblen Arbeitsabläufen beschäftigt sind, besteht ein latentes Risiko von dolosen oder fahrlässigen Handlungen. Immer dann, wenn diese Gefahren aus mangelndem Kontrollbewußtsein, Vertrauensseligkeit oder Betriebsblindheit nicht erkannt oder unterschätzt werden, kommt es in den Unternehmen zu Schadensfällen, die oft jahrelang unentdeckt bleiben.

Die Gestaltung, Überprüfung und Verbesserung des Internen Kontrollsystems ist daher unerläßlich.

8. Anlagen

Anlage 1

Dienstanweisung Kassaordnung

Die vorliegende Kassaordnung gilt für alle Kassen, die im Rahmen eines Unternehmens geführt werden.

1. Allgemeine Vorschriften

1.1. Belegzwang

Jeder Kassenbewegung muß ein Beleg zugrunde liegen. Die Kassenbelege sind vom 1.1. bis 31.12. fortlaufend zu numerieren und werden ausschließlich in der Buchhaltung abgelegt.

1.2. Ordnungsmäßigkeit der Belege

Kassenbelege müssen gut leserlich und inhaltlich so angefertigt sein, daß Irrtümer ausgeschlossen sind. Belege über Kasseneingänge haben die Unterschrift des Kassiers zu tragen.

Jedem Einzahler ist die Quittung auf Anforderung auszustellen. Kassenausgangsbelege sind vom Empfänger der Zahlung zu quittieren. Auszahlungen für Repräsentationsaufwand und Reisekosten müssen vom Verursacher der Kosten abgezeichnet werden. (Anweisungsbefugnis)

1.3. Kassabuch

Soweit nicht über die Registrierkasse geführt, muß nach jedem Kassenvorgang die Eintragung in das Kassabuch vorgenommen werden.

1.4. Form und Ordnungsmäßigkeit der Eintragungen

Die Eintragungen haben Zeile für Zeile zu erfolgen, d.h. es darf keine Zeile ausgelassen werden. Das Finanzamt legt bei Prüfungen diesbezüglich sehr strenge Maßstäbe an. Falsche Eintragungen sind so zu streichen, daß die Fehleintragung noch lesbar ist. Es sind ausschließlich die von der Buchhaltung aufgelegten Vordrucke zu verwenden.

1.5. Leerformulare – verschriebene Formulare

Leerformulare, vor allem fortlaufend numerierte Kassenbelege, sind unter Verschluß zu halten und so vor Mißbrauch zu schützen. Verschriebene Formulare sind zu entwerten.

1.6. Kassensturz – Abrechnungszeitraum

Vom Buchhaltungsleiter oder dessen Stellvertreter ist monatlich ein Kassensturz durchzuführen und eine eventuell auftretende Differenz (+ oder –) über öS 1.000,– dem Geschäftsführer sofort zu melden.

1.7. Eiserner Bestand

Über die Mindestreserven hinausgehende Bargeld-Bestände sind täglich an die jeweils zuständige Bank abzuliefern. In der Beilage zur Kassenordnung ist die Höhe des zulässigen „Eisernen Bestandes“ vermerkt.

1.8. Versicherung

Sofern in den Kassaräumen Tresore vorhanden sind, sind diese bis zum Betrage der Mindestreserven versichert. Darüber hinausgehende, über Nacht im Tresor befindliche Bargelder sind nicht versicherungsmäßig gedeckt.

1.9. Kassenschlüssel

Der Kassenleiter erhält je einen Schlüssel für die Hand- und Registrierkasse und den Safe. Er hat die Schlüssel persönlich aufzubewahren und nur im Krankheits- und Urlaubsfall einem Stellvertreter für die Zeit seiner Abwesenheit zu übergeben. Der Reserveschlüssel wird im Safe der Hauptkasse hinterlegt. Bei Verlust des Schlüssels kann der Reserveschlüssel vom jeweiligen Kassier beim Leiter der Buchhaltung angefordert werden.

1.10. Private Gelder – privates Depot

Private Gelder des Kassiers oder anderer Mitarbeiter müssen erkenntlich in der Kasse aufgehoben werden.

1.11. Vorschüsse

Lohn- bzw. Gehaltsvorschüsse bedürfen der schriftlichen Anweisung der Personalabteilung bzw. des Geschäftsführers.

1.12. Entgegennahme von Schecks

Schecks sind erst anzunehmen, nachdem sich der Kassier von der Deckung des Schecks bzw. der Bonität des Kunden überzeugt hat. Im Zweifelsfalle ist ein Kontrollanruf bei der Bank zu empfehlen. Bei Entgegennahme von in- oder ausländischen Schecks in Verbindung mit einer Scheckkarte ist auf das betragliche Limit sowie auf die Unterschrift (Vergleich mit der Scheckkarte) besonders zu achten.

2. Inkasso durch Verkäufer

2.1. Verkäufer, die Akonto-Zahlungen von Kunden entgegennehmen, sollten ausdrücklich darauf hingewiesen werden, daß das Nicht-Abliefern bzw. verspätete Abliefern des Barbetrages eine Unterschlagung darstellt und diese Verhaltensweise zu einer fristlosen Entlassung führt. Der vom Verkäufer quittierte Kasseneingang muß der Kasse zur Eintragung in das Kassabuch übergeben werden.

2.2. Abwicklung im Formularbereich

Der Geschäftsführer bzw. Verkaufsleiter sollte vornumerierte Kaufverträge blockweise an die Verkäufer ausgeben und zur Vollständigkeitskontrolle einen Nummernspiegel führen. Unverbrauchte bzw. stornierte Kaufverträge sollten pro Verkäufer monatlich überprüft werden.

3. Bargeldtransporte

Mitarbeiter, die im Auftrag der Firma Geldtransporte durchführen, müssen das mit größtmöglicher Sorgfalt und Vorsicht tun.

Aus diesem Grund liegt hierfür bei der Geschäftsleitung eine nicht zu veröffentlichende, vertrauliche Ablaufanweisung vor. Jeder Kassier ist hierüber mündlich zu informieren.

Anlage 2

Dienstanweisung Einkauf

1. Zielsetzung

Aufgabe des Einkaufes ist es, benötigte Wirtschaftsgüter und Dienstleistungen

- in der erforderlichen Qualität
- in der richtigen Menge
- zur rechten Zeit
- zu optimalen Einkaufspreisen und Bedingungen
- unter Bedacht eines wirtschaftlich vertretbaren Aufwands

zu beschaffen und bereitzustellen.

Für die Beschaffung ist alleine der Einkauf zuständig. Systematische Einkaufsplanung und eine ständige Marktbeobachtung und -analyse bilden die Basis für einen bedarfsgerechten Einkauf.

2. Organisationsmittel

Ein aktuelles Einkaufssystem (Lieferanten-, Artikel- und Bestelldatei) gibt Auskunft über

- Bezugsquellen
- Lieferprogramm/Lieferfristen
- Konditionen
- Preisentwicklung
- Gegengeschäftsvereinbarung
- erteilte Bestellungen in den letzten drei Jahren
- Qualitätsbeurteilung.

3. Bedarfsmeldung

3.1. Die hierfür vorgesehenen vornumerierten Formblätter sind vom Bedarfsträger auszustellen.

3.2. *Genehmigungsverfahren*

Für Investitionen ab einer Wertgrenze von öS 50.000,– ist vom Bedarfsträger eine Investitionsrechnung anzustellen, die Auskunft über die zu erwartende Kostenersparnis, Rentabilität und Amortisationsdauer gibt.

3.2.1. *Betriebsleiter*

Für die Bedarfsmeldung von Rohstoffen gibt es keine Wertgrenzen. Für die Bedarfsmeldung von Investitionsgütern ab einer Wertgrenze von öS 20.000,– ist eine Genehmigung von der Geschäftsleitung einzuholen.

3.2.2. *Werkstätte*

Werkstättenleiter bis zu einer Wertgrenze von öS 20.000,–. Darüber hinaus Rücksprache mit Geschäftsleitung.

3.2.3. *Labor*

Keine Wertgrenzen für die Rohstoffbedarfsmeldung durch den Leiter des Labors.

3.2.4. *Rohmaterial*

Aufgrund des Bestellvorschlages des Einkaufs durch die Verkaufsleitung ohne Wertgrenze.

3.2.5. Güter des zentralen Einkaufes: Bedarfsmeldungen der Schwesternwerke müssen schriftlich oder per Telefax erfolgen.

3.3. *Der Einkauf prüft bei allen Bedarfsmeldungen,*

- ob das Genehmigungsverfahren eingehalten wurde,
- ob die sachliche Richtigkeit für die Bestellung gegeben ist (der Einkauf muß zumindest den Verwendungszweck der zu beschaffenden Güter kennen),
- ob bei Bestellung dieser Ware/Dienstleistung eine Abstimmung mit dem Zentraleinkauf notwendig ist.

3.4. Der Einkauf macht bzw. veranlaßt gegebenenfalls eine Wertanalyse (niedrigst notwendige Qualität und Funktion für das zu beschaffende Gut im Hinblick auf den optimalen Einkaufspreis).

3.5. *Mindestbestände*

Für die Überwachung der Mindestbestände und rechtzeitige Bestellung sind die Bedarfsträger selbst verantwortlich. Der Mindestbestand ergibt sich aus der Formel

$$\frac{\text{Verbrauch in der Periode} \times \text{Beschaffungsdauer}}{\text{Zahl der Arbeitstage in der Periode}}$$

Der Bestellzeitpunkt tritt dann auf, wenn der Mindestbestand + Bedarf während der Beschaffungszeit gegeben ist. Die Beschaffungszeiten sind von den Bedarfsträgern im Einkauf zu erfragen. Bei Veränderung von Beschaffungszeiten ist der Einkauf für die Weiterleitung an die Bedarfsträger verantwortlich.

Auch bei „Just-in-time“-Lieferungen kann auf Mindestbestände nicht verzichtet werden. Für die Werkstätten und den Versand wird als Mindestbestand an Ersatzteilen, Betriebsmitteln und Verpackungsmaterial eine Liste vom Einkauf zur Verfügung gestellt.

4. Angebotseinholung

4.1. Allgemeines

Grundsätzlich sind vor jeder Bestellung Angebote einzuholen. Nur in begründeten und von der Geschäftsleitung genehmigten Ausnahmefällen kann auf das Einholen von Konkurrenzangeboten verzichtet werden.

Beispiele:

Dringender Bedarf, Gefahr im Verzuge, Beschaffung von preisgebundenen Waren, Waren mit Katalogpreisen, Bagatelleinkauf unter öS 5.000,–.

Angebote haben bei wiederholten Bestellungen eine begrenzte Gültigkeit, die vom Einkauf zu überwachen ist. Hierfür ist eine systematische und regelmäßige Einkaufsmarktforschung durch den Einkauf Voraussetzung.

4.2. Einholung von Angeboten

4.2.1. Übersteigt der Wert von anzuschaffenden Waren oder Dienstleistungen öS 10.000,–, sind vom Einkauf von mindestens zwei Lieferanten Kostenvoranschläge einzuholen. Bei Wiederholungs- bzw. Nachbestellungen ab einer kumulierten Wertgrenze von öS 50.000,– sind ebenfalls mindestens zwei Angebote einzuholen. Übersteigt der Wert von anzufordernden Waren oder Dienstleistungen öS 50.000,–, sind alle in Frage kommenden Lieferanten, zumindest jedoch die drei geeignetsten, zur Angebotserstellung einzuladen.

4.2.2. Bei Leasing/Miete von Waren/Dienstleistungen ist der Gesamtbetrag (Mietpreis + Wartung etc.) als Kriterium zur Anbotseinholung heranzuziehen.

4.2.3. Angebote, die zur wiederholten Bestellung führen, verlieren spätestens nach einem Jahr ihre Gültigkeit. Nach dieser Zeit sind vom Einkauf neue Angebote einzuholen. Bei dieser neuen Angebotseinholung sind außer bei den bisher bekannten Lieferanten auch bei neuen, geeigneten Bezugsquellen Offerte einzuholen. Wenn dem Einkäufer Preissenkungen bekannt werden, sollten sofort neue Angebote eingeholt werden.

4.2.4. Für dic Auftragserteilung müssen nachvollziehbare Entscheidungsgrundlagen vorhanden sein. Der Einkauf dokumentiert auf dem vorgesehenen Angebotsvergleichsformular die Entscheidungskriterien der eingeholten Angebote.

5. Bestellung

5.1. Die Bestellung erfolgt über die EDV-Anlage, die für jede Bestellung eine fortlaufende Nummer vergibt.

5.2. Wenn aus besonderen Gründen vorab eine mündliche/telefonische Bestellung aufgegeben wurde, ist diese nachträglich mittels EDV-Bestellung zu bestätigen. Falls aus organisatorischen Gründen Bestellungen ohne Verwendung der EDV vorgenommen werden, müssen laufende Bestellnummern vergeben werden. Auch Bestellungen für andere Betriebe der Gruppe, die der zentrale Einkauf durchführt, sind über das EDV-System abzuwickeln.

5.3. Für nachträgliche Ergänzungen und Änderungen ist ebenfalls die Schriftform zu wählen (Brief oder Telefax).

5.4. *Bestellbuch*

Nur wenn alle Bestellungen über EDV-System abgewickelt werden, kann das Bestellbuch taxativ geführt werden.

5.5. Die Artikelstammdaten sind zu warten und um neue Artikel laufend zu ergänzen. Jeder Artikel muß eine Artikelnummer erhalten.

5.6. *Konditionen – Stammdaten*

Eine laufende Wartung bei neuen Lieferanten und Veränderungen bei bestehenden Lieferanten muß gewährleistet sein.

5.7. *Lieferanten – Stammdatei*

Jeder neue Lieferant sowie Veränderungen von Stammdaten bestehender Lieferanten sind laufend aufzunehmen.

5.8. *Einkaufsstatistiken*

Diese sind nur dann aussagefähig und als Entscheidungshilfe brauchbar, wenn im Sinne dieser Dienstanweisung vorgegangen wird.

- Einkaufswerte je Lieferant in der Periode und akkumuliert year to date
- Artikelverzeichnis mit Lieferantenauswahl
- Lieferantenverzeichnis mit Artikelzuordnung.

6. Bestellüberwachung

Bei bestimmten Lieferanten oder Bestellungen wird es zweckmäßig sein, vom Lieferanten Auftragsbestätigungen zu verlangen. Wenn dem Lieferanten z.B. Geräte, Vorrichtungen, Modelle zur Verfügung gestellt wurden, sind diese im Einkauf in Evidenz zu halten. Die Überwachung der termingerechten Lieferung ist zu systematisieren.

7. Wareneingang

7.1. Die Kontrolle der gelieferten Waren/Dienstleistungen (Warenübernahme) obliegt der jeweiligen Wareneingangsstelle. Ist diese in Einzelfällen dazu nicht in der Lage, hat sie unverzüglich den anfordernden Bereich einzuschalten.

7.2. *Warenübernahmestellen*

Aufzählung derselben vornehmen.

7.3. Die zur Ware gehörenden Lieferscheine haben generell über die jeweilige Wareneingangsstelle zu laufen. Der Wareneingang bestätigt die Warenübernahme auf den Lieferscheinen und gibt diese an den Einkauf weiter. Bis zum Eintreffen der Faktura hält der Einkauf den Lieferschein in Evidenz. Zum Monatsultimo (oder zu einem anderen vom Rechnungswesen festgesetzten Zeitpunkt) hat der Einkauf auf einem hierfür vorgesehenen Berichtsformular die bis zu diesem Zeitpunkt angelieferten Einkaufsgüter, für welche die Eingangsrechnungen noch nicht vorliegen, an das Rechnungswesen zu melden.

7.4. Die Organisationsmittel des Wareneinganges (Wiegekarten, Unterlagen für Qualitätskontrollen etc.) sind zwei Jahre aufzubewahren.

7.5. *Reklamationen/Mängelrügen*

Beanstandungen, wie z.B. Transportschäden, sind über den Einkauf dem Lieferanten oder Frachtführer unverzüglich zu melden. Hierfür ist das Formular „Reklamation Wareneingang“ zu verwenden. Der Einkauf erstellt sodann unverzüglich über die EDV-Anlage eine Belastungsanzeige an den Lieferanten.

8. Rechnungskontrolle

Für die materielle Rechnungskontrolle ist der Einkauf, für die rechnerische und formelle Richtigkeit der Eingangsfakturen die Buchhaltung verantwortlich.

8.1. *Materielle Rechnungsprüfung*

- Die fakturierten Waren und Dienstleistungen werden mit den Angaben auf Lieferscheinen bzw. Arbeitsnachweisen, aber auch hinsichtlich der Einheitspreise und Zahlungsbedingungen mit den Bestellscheinen und Auftragsbestätigungen verglichen.
- Der Einkauf übermittelt bei Unklarheiten oder bei Bedarf (z.B. Kontierung auf Fertigungsstellen) der zuständigen Betriebsstätte das Rechnungsoriginal zur Kontrolle. Die Faktura ist hinsichtlich der offenen Fragen zu ergänzen und abgezeichnet – innerhalb eines Tages – an den Einkauf zu retournieren.
- Die abgezeichnete Eingangsrechnung ist vom Einkauf auf schnellstmögliche Weise der Buchhaltung weiterzuleiten, damit die Zahlungsbedingungen optimal genutzt werden können.

8.2. *Formell-rechnerische Rechnungsprüfung*

Jede Eingangsrechnung muß den Formvorschriften des Umsatzsteuergesetzes entsprechen und den richtigen Firmenwortlaut aufweisen. Notwendige Korrekturen sind sofort zu veranlassen. Die rechnerische Kontrolle ist bei EDV-erstellten Fakturen stichprobenweise, bei manuell erstellten vollständig durchzuführen.

9. Geschäftsreisen, Einladungen, Geschenkannahme

9.1. Geschäftsreisen

Inlandsreisen sind vom Leiter der Einkaufsabteilung zu genehmigen, Auslandsreisen zusätzlich der Geschäftsleitung zu melden.

9.2. Einladungen

Aus dem geschäftlichen Kontakt sich ergebende Einladungen zu Geschäftsessen können in angemessenem Rahmen ohne besondere Genehmigung durch den Einkaufsleiter akzeptiert werden. Einladungen für kostenlose Wochenendaufenthalte oder Urlaub auf Kosten von Lieferanten sind abzulehnen.

9.3. Geschenkannahme

Geschenkartikel, die ein Lieferant in größeren Stückzahlen an Kunden verteilt (bis zu einem ungefähren Wert von öS 500,–), sind angemessene Werbegeschenke. Es muß an der Selbsteinschätzung des Mitarbeiters liegen, ob durch ein Geschenk Objektivitätsverlust entsteht bzw. die Grenze des Angemessenen überschritten wird.

Die Annahme von Geld oder vergleichbaren Werten (Golddukaten, Schmuck, Theaterkarten) ist selbstverständlich verboten.

Anlage 3

Dienstanweisung Inventuren
– zum Monatsultimo
– zum Bilanzstichtag

1. Inventur zum Bilanzstichtag

Gemäß den handels- und steuerrechtlichen Vorschriften ist zur Bilanzerstellung zum Bilanzstichtag eine Bestandsaufnahme aller Vorräte an Roh- und Hilfsstoffen sowie Fertig- und Handelswaren durchzuführen.

2. Inventur zum Monatsultimo

Aus betriebswirtschaftlichen Gründen wird allmonatlich zum Ultimo eine Zwischenbilanz erstellt; zu diesem Zweck werden ebenfalls monatliche Bestandsaufnahmen aller Vorräte gemäß Punkt 1 durchzuführen sein.

3. Formvorschriften für die Inventur zum Bilanzstichtag

3.1. Zur Aufnahme sollen die hierfür vorgesehenen Vordrucke verwendet werden. Sofern dies nicht möglich ist, müssen die Aufnahmeblätter folgende Angaben enthalten:

- Laufende Nummer des Aufnahmeblattes
- Lagerort
- Zeitpunkt der Bestandsaufnahme
- Mengenangabe der gezählten Positionen
- Verpackungseinheit
- Unterschrift des Aufnehmers
- Unterschrift des Helfers/Kontrolleurs
- Bei vor- oder nachverlegten Stichtagsinventuren sind die Bewegungen bis zum Stichtag nachzuweisen und den Zähllisten beizulegen.

3.2. Die Aufnahmelisten dürfen nicht mit Bleistift geschrieben werden, Radierungen oder Unkenntlichmachung von ursprünglichen Eintragungen sind nicht statthaft, die Streifen von Additionen sind den Zähllisten anzuheften.

3.3. Bei Ablieferung zum Bilanzstichtag sind alle Zähllisten und Hilfsaufzeichnungen an die Buchhaltung abzugeben. Die Zählunterlagen der monatlichen Zwischeninventuren verbleiben aber bei den Lagerverantwortlichen.

3.4. Aufbewahrungsfrist

Alle von den einzelnen Inventurorten zum 31.12. abgelieferten Inventurunterlagen sind in der Buchhaltung sieben Jahre aufzubewahren.

4. Allgemeine Richtlinien zur Durchführung der Inventur

4.1. Die Sollbestände dürfen dem Aufnahmeteam nicht bekannt sein. Ein Aufnahmeteam muß aus zwei Personen bestehen.

4.2. Die Abgrenzung der rollenden Ware (Ein und Aus) ist sicherzustellen.

4.3. Aussonderung aller Waren, die im fremden Eigentum stehen (noch nicht gutgeschriebene Kundenretourware, Kommissionen, erhaltene Lieferungen zur Ansicht).

4.4. Überprüfung, ob alle Inventurorte erfaßt wurden (z.B. Außenlager, Kommissionswaren von Kundenvertretern).

4.5. Kontrolle des lückenlosen Rücklaufes der ausgegebenen Zähllisten.

4.6. Für Bestände, die nur geschätzt werden können (Schüttgüter), sind zwei sachverständige Schätzer einzusetzen. Bewußte Einbeziehung von Sicherheitsreserven sind zu unterlassen.

4.7. Unbrauchbare bzw. eingeschränkt verwendbare Waren und Rohstoffe sind als solche zu kennzeichnen.

4.8. Grundsätzlich gelten die körperlich festgestellten Bestände, auch wenn diese von den Soll-Bestandwerten abweichen.

Anlage 4

Stellenbeschreibung

	Datum:	1.9.1998
1.	Stellenbezeichnung:	Finanzleiter
2.	Dienstrang:	Abteilungsleiter
3.	Unterstellung:	Geschäftsführer
4.	Stellvertretung: vertritt	Geschäftsführer
	wird vertreten von	Buchhalter – Hauptbuch
5.	Unterschriftsbefugnis:	i.V.
6.	Entlohnungsgruppe:	KV I VG 5

7. Ziel der Stelle:
   - Für die Ordnungsmäßigkeit des Rechnungswesens und die Einhaltung diesbezüglicher gesetzlicher und innerbetrieblicher Vorschriften sorgen.
   - Ermittlung von Grundlagen zur Unterstützung/Erleichterung unternehmerischer Entscheidungen der Geschäftsführung.
   - Laufende Überwachung oder Reorganisation von Abläufen, Aktualisierung von Kontrollsystemen zur Gewährleistung einer klaglosen, rationellen Abwicklung.
   - Rechtzeitige exakte Bereitstellung der erforderlichen Berichte, Informationen für den Vorgesetzten und die Zentralstellen.

8. Aufgabenbereich im einzelnen:

8.1. Finanzbuchhaltung

8.1.1. Er organisiert und überwacht den innerbetrieblichen Belegfluß sowie andere administrative Abläufe entsprechend den gesetzlichen Vorschriften und Organisationsrichtlinien (Einreichtermine der Buchhaltung, Ablage, etc.).

8.1.2. Er überwacht die Vorkontierung (Richtigkeit, Termine), kontiert in Sonderfällen selbst und veranlaßt Umbuchungen.

8.1.3. Er veranlaßt die Bezahlung von Eingangsrechnungen (Skontoausnützung).

8.1.4. Er überwacht die ordnungsgemäße und rechtzeitige Rechnungslegung und Ausstellung von Gutschriften/Belastungen.

8.1.5. Er ist für das Mahnwesen verantwortlich:
- Laufende Überwachung der Kreditlimits
- Überprüfung der Mahnschreiben
- Einschaltung des Rechtsanwaltes bei Säumigkeit von Kunden (Absprache mit Geschäftsführer).

8.1.6. Er überwacht die Kontenabstimmung bzw. stimmt fallweise Konten selbst ab und informiert seinen Vorgesetzten über Differenzen.

8.1.7. Er überwacht die Kassenführung und führt Kontrollen durch.

8.1.8. Er ist für die Berechnung, Verbuchung und Abfuhr bzw. Verrechnung von Steuern verantwortlich (Umsatzsteuervoranmeldung, Verprobung; Alkohol/Getränkesteuer; Lohnsteuer, Kommunalsteuer etc.).

8.1.9. Er hält permanent Kontakt zum Steuerberater und stimmt wesentliche Vorgänge/Termine mit ihm ab.

8.1.10. Er hält Kontakt zu den Hausbanken und verhandelt, in Abstimmung mit seinem Vorgesetzten, bezüglich der Konditionen.

8.1.11. Er überwacht die Lohnbuchhaltung.
- Berechnung und Auszahlung bzw. Anweisung der Löhne und Gehälter
- Ermittlung und Anweisung der damit zusammenhängenden Steuern/Abgaben.

8.1.12. Er sorgt für die ordnungsgemäße buchhalterische Betreuung der Anlagen (Verbuchung, Ausbuchung, Inventarlisten/Nummern).

8.1.13. Er bereitet den Jahresabschluß vor.
- Abschlußbuchungen
- formale Erstellung der Inventur
- Bewertung der Inventur, Information des Vorgesetzten über Differenzen.

8.2. Betriebswirtschaft

8.2.1. Er erstellt – gemeinsam mit den Leitern der Profit Centers – das jährliche Kosten- und Ertragsbudget, den Investitionsplan und den Personalplan.

8.2.2. Er überprüft monatlich die Budgetvergleiche und bespricht Abweichungen mit den Leitern der Profit Centers und mit dem Geschäftsführer. Er veranlaßt eventuelle Korrekturen oder schlägt Maßnahmen vor.

8.2.3. Er erstellt den monatlichen Finanzplan.
- Erstellung des Planes
- Durchführung des Soll-Ist-Vergleiches.

8.2.4. Er erstellt den monatlichen Finanzbericht.
- Ermittlung des Liquiditäts-Status
- Erarbeitung anderer Kennziffern (Cash-Flow, Umsatzverteilung, Erlösentwicklung, Umschlagshäufigkeit)
- Erstellung der Personalstatistik
- Überprüfung der Plausibilität der Kennziffern.

8.2.5. Er ermittelt das jährliche betriebsnotwendige Umlaufvermögen und verfolgt die Entwicklung bzw. veranlaßt eventuelle Korrekturen.

8.2.6. Er ist für die termingerechte Einhaltung des Berichtswesens mit den zuständigen Stellen verantwortlich.

8.3. Einkauf

8.3.1. Er organisiert und überwacht die Einkäufe und meldet Unstimmigkeiten der Geschäftsleitung.

8.3.2. Er prüft die Einhaltung der Kalkulationsrichtlinien bzw. kontrolliert diese.

8.4. Er ist verpflichtet, eventuelle geschäftsschädigende Handlungen dem Geschäftsführer zu melden.

Anlage 5

Dienstanweisung
Handlungsvollmachten und Unterschriftsberechtigungen

1. Handlungsvollmachten

1.1. Gesetzliche Grundlagen

Gemäß § 54 HGB „erstreckt sich die Handlungsvollmacht auf alle Geschäfte und Rechtshandlungen, die der Betrieb eines derartigen Handelsgewerbes oder die Vornahme derartiger Geschäfte gewöhnlich mit sich bringt".

1.2. Die jeweilige Handlungsvollmacht gilt als Artvollmacht, d.h., sie beschränkt sich auf die Stellen, die dem Bevollmächtigten unterstehen, bzw. auf die Geschäfte, die in diesem Rahmen gewöhnlich vorkommen.

1.3. Verpflichtungen dürfen nur soweit eingegangen werden, als sie mit der Geschäftsleitung global abgesprochen wurden.

1.4. Die Handlungsbevollmächtigten zeichnen „i.V.".

2. Zeichnungsbefugnis „im Auftrage"

2.1. Die Befugnis zur Zeichnung „im Auftrage = i.A." gilt nicht als Handlungsvollmacht gemäß § 54 HGB und erstreckt sich ausschließlich auf das Sachgebiet des Mitarbeiters bzw. auf die Stellen, die dem Zeichnungsberechtigten unterstehen.

2.2. Hauptzweck dieser Befugnis ist die Erleichterung des Schriftverkehrs der Routinepost.

2.3. Die Zeichnungsberechtigung „i.A." gilt grundsätzlich nicht für Verträge und solche Schreiben, aus denen die Firma rechtlich verpflichtet wird.

3. Allgemeines

3.1. In verantwortlicher Umsicht haben alle Bevollmächtigten die Korrespondenz, zu deren Unterfertigung sie sich nicht völlig berufen fühlen und die von besonderer Tragweite ist, dem jeweiligen Vorgesetzten zur Zweitunterschrift vorzulegen.

3.2. Außer den erwähnten Einschränkungen können sich die jeweiligen Vorgesetzten weitere Sonderregelungen bezüglich Vertretung und Gegenzeichnung bestimmter Agenden vorbehalten. Die Dienstanweisung ist um diese getroffenen Sonderregelungen zu ergänzen.

3.3. Die Unterschriftsformel „Nach Diktat verreist“ sollte vermieden werden. Die jeweilige Korrespondenz ist dem nächsten Vorgesetzten oder einem anderen Unterschriftsbefugten des gleichen Bereiches vorzulegen.

4. Verzeichnis der Unterschriftsvollmachten

4.1. Werk Salzburg (Anlage A)

- für Bedarfsmeldungen an den Einkauf
- für Einkauf/Bestellungen
- für Gutschriften an Kunden
- für Belastungen an Lieferanten
- für Wareneingang und Übernahme

4.2. Unterschrifts- und Paraphenverzeichnis (Anlage B)

Zur besseren Identifikation der Unterschriften und Paraphen auf Belegen und sonstigen Schriften dient das beiliegende Verzeichnis der Unterschriften und Paraphen.

Anlage A

Verzeichnis der Unterschriftsvollmachten für Salzburg

Bereich	für Bedarfsmeldung	für Einkauf und Bestellung	für Kundengutschriften 1. Unterschrift	für Kundengutschriften 2. Unterschrift	Lieferanten-belastungen

Anlage B

Unterschrifts- und Paraphenverzeichnis

Name	Unterschrift	Paraphe
1. Dir.		
2. Prok.		
3. Prok.		
4. Prok.		
5. Prok.		
6. Hr.		
7. Fr.		
8. Hr.		
9. Mag.		
10. Fr.		

Anlage 6

Dienstanweisung
Benutzung von firmeneigenen Kraftfahrzeugen

1. Allgemeines

Ein firmeneigenes Fahrzeug wird zur Erfüllung der Dienstobliegenheiten zur Verfügung gestellt. Nur mit Zustimmung des jeweiligen Vorgesetzten darf der Dienstwagen einem anderen Betriebsangehörigen zeitweilig überlassen werden. Der Fahrzeugbenutzer verpflichtet sich, das Dienstfahrzeug schonend zu behandeln.

2. Disposition

Die grundsätzliche Zuweisung eines Dienstwagens erfolgt durch die Geschäftsführung.

3. Fahrtenbuch

Der Fahrzeuglenker hat das Fahrtenbuch dem Vordruck entsprechend zu führen. Der Geschäftsführer prüft stichprobenweise die Ordnungsmäßigkeit der Eintragungen.

Privatfahrten und -tankungen müssen im Fahrtenbuch ebenfalls eingetragen sein. Stadtfahrten können täglich zusammengefaßt werden; Dienstreisen außerhalb des Stadtbereiches sind einzeln einzutragen.

Neue Fahrtenbücher werden von der Geschäftsführung oder im Auftrag derselben dem Fahrzeughalter nur ausgehändigt, wenn gleichzeitig das ausgeschriebene Fahrtenbuch übergeben wird.

4. Wartung und Pflege

Das Fahrzeug ist stets in fahrbereitem und verkehrssicherem Zustand zu halten. Die Wartungsdienste und Reparaturen sind zeitgerecht in den vom Einkauf genannten Werkstätten durchführen zu lassen.

Werden bei der Abmeldung des Dienstwagens überhöhte Instandsetzungsaufwendungen oder Verkaufspreiseinbußen festgestellt, die auf mangelnde Wartung oder unsachgemäße Behandlung des Fahrzeuges zurückzuführen sind, kann sich das Unternehmen gegenüber dem Fahrzeugbenutzer schadlos halten.

5. Fahrzeugausstattung

Grundsätzlich ist die Ausstattung eines Dienstwagens bei Fahrzeugwechsel/-zuteilung mit dem Geschäftsführer zu vereinbaren.

6. Übertretung der Verkehrsordnung

Der Fahrzeugbenutzer ist bei Übertretungen der Verkehrsordnung gegenüber der Behörde direkt haftbar.

7. Verkehrsunfälle und Beschädigungen

7.1. Der Fahrzeuglenker ist dafür verantwortlich, daß Verkehrsunfälle und Beschädigungen, gleichgültig, wer der Schuldtragende ist, unverzüglich mit einer Schadensanzeige dem Geschäftsführer gemeldet werden.

Diese Schadensmeldung ist in allen Punkten ordnungsgemäß auszufüllen und sowohl vom Fahrzeuglenker als auch seinem Vorgesetzten/Kostenstellenverantwortlichen zu unterschreiben.

7.2. Die Identität des Gegners und die Schuldfrage sind prompt zu klären, um unverzüglich Regreßansprüche an die Versicherung des Kontrahenten stellen zu können.

7.3. Sollte über die Verschuldensfrage Unklarheit herrschen, ist es empfehlenswert, die Polizei oder Gendarmerie zur Unfallaufnahme zu holen.

7.4. Bei mehreren selbstverschuldeten Unfällen von Mitarbeitern innerhalb kürzerer Abstände behält sich das Unternehmen ein Regreßrecht gegenüber dem Fahrzeugbenutzer vor.

8. Versicherung

8.1. Außer der gesetzlich vorgeschriebenen Haftpflichtversicherung mit der Pauschal-Versicherungssumme von öS..........,– sind sämtliche Dienstwagen im Rahmen einer Kaskoversicherung versichert.

8.2. Zusätzlich ist für alle Dienstfahrzeuge eine Insassenversicherung mit folgenden Deckungssummen abgeschlossen:

öS 1.800.000,–	für den Todesfall
öS 2.000.000,–	für bleibende Invalidität

8.3. Die Kasko- und Insassen-Unfallversicherung tritt aber nur in Kraft, wenn das Fahrzeug von einem befugten Betriebsangehörigen gelenkt wird.

9. Tanken

9.1. Sofern die Möglichkeit besteht, sollten zum Tanken die vom Einkauf genannten Tankstellen frequentiert werden.

9.2. Modellgerechtes Tanken

Für den richtigen Betrieb der einzelnen Fahrzeuge ist es notwendig, alle Modelle mit dem Treibstoff zu betanken, der die erforderliche Oktanzahl aufweist. An allen Tankstellen liegen entsprechende Tabellen auf.

10. Privat- und Auslandsfahrten

10.1. Größere Privatfahrten (ab 500 km) sind vom Geschäftsführer genehmigen zu lassen.

10.2. Für die private Nutzung der Dienstfahrzeuge gilt einheitlich folgende Regelung:

- Bei jedem Mitarbeiter, der einen Dienstwagen fährt, erfolgt für die Privatnutzung des Fahrzeuges ein monatlicher Gehaltsabzug von öS.......,–
- Der Sachbezug für die Privatnutzung beträgt öS..........,– und muß bei der Gehaltsabrechnung der Lohnsteuer bzw. der Sozialversicherung als Hinzurechnungsbetrag unterworfen werden.

10.3. Es wird besonders darauf hingewiesen, daß bei Privatfahrten das Benzin grundsätzlich vom Fahrzeugbenutzer zu bezahlen ist.

11. Weitergabe des Dienstwagens

Das Dienstfahrzeug ist dem Fahrzeugbenutzer zu persönlichen Verwendung anvertraut. Nur mit Zustimmung der Geschäftsleitung darf der Dienstwagen einem anderen Betriebsangehörigen länger als 14 Tage überlassen werden.

Anlage 7

Dienstanweisung Reiseordnung

1. Begriff der Dienstreise

Nach den Bestimmungen des Zusatzkollektivvertrages für die Angestellten des Metallindustriebereiches liegt eine „Dienstreise" dann vor, wenn der Angestellte seinen Dienstort vorübergehend verläßt, um in einem oder mehreren anderen Orten Aufträge seines Dienstgebers auszuführen.

Als „Dienstort" im Sinne dieser Bestimmung gilt das Gemeindegebiet jenes Ortes, in dem die ständige Arbeitsstätte des Angestellten liegt. Für Wien gelten als Gemeindegebiet der 1. bis 23. Bezirk.

Für Mitarbeiter im Außendienst gibt es kraft ihrer Funktion keinen „Dienstort" im Sinne des oben erwähnten Zusatzkollektivvertrages. Mangels eines solchen gilt daher der Wohnort als Ausgangspunkt und Kriterium bzw. als Quasi-Dienstort, außer die Dienstreise wird vom vereinbarten Dienstort aus angetreten.

2. Bemessung der Dienstreisedauer

Die Dienstreise beginnt, wenn sie von der Arbeitsstätte aus angetreten wird, mit dem Verlassen der Arbeitsstätte, in allen anderen Fällen mit dem notwendigen Verlassen der Wohnung. Das gleiche gilt sinngemäß für die Beendigung der Dienstreise. Neben dem Datum des Antritts bzw. Ende der Dienstreise ist auch die Angabe der genauen Uhrzeit erforderlich.

Beispiel: Beginn der Dienstreise am 7.1.1998 um 9 Uhr
Ende der Dienstreise am 9.1.1998 um 16 Uhr

3. Verrechnung der Taggelder

3.1. Inlandsdienstreisen

Das Taggeld beträgt unabhängig vom Einkommen öS ....,- Gebühren Nächtigungsgelder oder fällt eine Nächtigung in die Dienstreise, beträgt das Taggeld öS ....,–

Nächtigungskosten einschließlich Frühstück werden nach Beleg erstattet. Kann kein Beleg beigebracht werden, beträgt das Nächtigungsgeld einschließlich Frühstück öS ....,– pro Nacht.

Für den Tag des Antrittes einer Dienstreise mit Nächtigung gebühren öS..........,– Taggeld. Für den Tag der Beendigung einer mehrtägigen Dienstreise sowie bei Dienstreisen, die keinen vollen Kalendertag beanspruchen, beträgt das Taggeld Bruchteile des vorgesehenen Satzes nach

Maßgabe der Dienstreisedauer an dem betreffenden Kalendertag, und zwar bei einer Abwesenheit von

mehr als 3 bis 6 Stunden .... 1/4 des Taggeldes

mehr als 6 bis 9 Stunden .... 1/2 des Taggeldes

mehr als 9 bis 12 Stunden .... 3/4 des Taggeldes

mehr als 12 Stunden .... volles Taggeld.

Bei anteilsmäßiger Verrechnung eines Taggeldes wird immer nur der niedrigere Satz (Taggeld ohne Nächtigung öS ....,–) herangezogen.

3.2. Auslandsdienstreisen

Taggelder für Auslandsdienstreisen können mit dem Höchstsatz der Auslandsreisesätze der Bundesbediensteten berücksichtigt werden. Die Höhe der Tages- und Nächtigungsgelder für Auslandsdienstreisen können im Einkauf erfragt werden.

Bei Nächtigung werden die tatsächlichen Kosten nach Beleg erstattet. Kann kein Beleg beigebracht werden, gilt die Nächtigungsgebühr des betreffenden Landes.

Für den Tag der Beendigung einer mehrtägigen Dienstreise sowie bei Dienstreisen, die keinen vollen Tag beanspruchen, beträgt das Taggeld Bruchteile des vorgesehenen Gebührensatzes. Bei Auslandsdienstreisen ist jedoch nicht der Kalendertag für die anteilsmäßige Berechnung heranziehen, sondern der Reisetag, der ab Antritt der Dienstreise mit 24 Stunden zu berechnen ist.

Es gebührt bei Auslandsdienstreisen bei einer Abwesenheit von

mehr als 5 bis 8 Stunden .... 1/3 des Taggeldes

mehr als 8 bis 12 Stunden .... 2/3 des Taggeldes

mehr als 12 Stunden .... das volle Taggeld

des jeweiligen Landes.

4. Einschränkung bei Verrechnung von Taggeldern

Wenn bei Seminaren oder sonstigen Veranstaltungen (z.B. Einladungen von Unternehmen) die Verpflegungskosten vom Veranstalter, Gastgeber oder Einladenden übernommen werden, darf kein Taggeld verrechnet werden (z.B. Einladungen zum Mittagessen). Die Kosten für Mittag- und Abendessen teilen sich im Verhältnis 50 : 50 auf.

Beispiel: Seminargebühren inklusive Mittagessen
Es können nur 50% vom Taggeld verrechnet werden.

5. Überstunden auf Dienstreisen

5.1. Angestellte, die in Ausübung ihrer Tätigkeit vorwiegend zu reisen haben, wie z.B. Vertreter, Angestellte mit ständiger oder überwiegender Reisetätigkeit (Außendienstmitarbeiter), leitende Angestellte (Abteilungsleiter, Betriebsleiter, Bereichsleiter, Hauptabteilungsleiter, Geschäftsführer) und sonstige Angestellte, die in der Gestaltung des täglichen Arbeitsablaufes ungebunden sind, erhalten bei Dienstreisen keine Überstunden ausbezahlt.

5.2. Bei Angestellten, die nicht zu dem Personenkreis laut Punkt 5.1. gehören und angeordnete Dienstreisen mit einem öffentlichen Verkehrsmittel (z.B. Bus, Bahn, Flugzeug) unternehmen, gilt die effektive Reisezeit (die Zeit der unmittelbaren Reisebewegung in einem öffentlichen Beförderungsmittel), soweit diese außerhalb der Normalarbeitszeit liegt, nicht als Arbeitszeit. Die Höhe der Vergütung dieser Zeit soll vor Antritt einer Dienstreise vom Vorgesetzten nach Rücksprache mit der Personalabteilung festgelegt werden.

5.3. Bei Angestellten, die nicht zu dem Personenkreis laut Punkt 5.1. gehören und angeordnete Dienstreisen mit einem Kraftfahrzeug unternehmen und dieses selbst lenken, gilt die Reisezeit außerhalb der normalen Arbeitszeit ebenfalls als Arbeitszeit.

5.4. Werden am Zielort der Dienstreise über die tägliche Normalarbeitszeit hinaus Dienstleistungen angeordnet, so werden neben der gebührenden Reiseaufwandsentschädigung die tatsächlich geleisteten Überstunden vergütet.

6. Reisekostenabrechnung

Die Reisekostenabrechnung ist nach Beendigung der Reise zu erstellen.

Die abziehbare Vorsteuer ist zu errechnen.

6.1. Die der Reisekostenabrechnung beigefügten Rechnungen müssen folgende Angaben enthalten

- bei einem Gesamtbetrag über öS 2.000,– :
  - Name und Anschrift des liefernden oder leistenden Unternehmens
  - Name und Anschrift des Abnehmers der Lieferung bzw. Empfängers der Leistung
  - Menge und handelsübliche Bezeichnung des Gegenstandes bzw. der Leistung
  - Tag (bzw. Zeitraum) der Lieferung oder sonstigen Leistung
  - das Entgelt
  - den Mehrwertsteuerbetrag und Prozentsatz.
- bei einem Gesamtbetrag unter öS 2.000,–
  - Name und Anschrift des liefernden oder leistenden Unternehmens
  - Menge und handelsübliche Bezeichnung
  - Tag der Lieferung
  - Entgelt und Steuerabzug in einer Summe
  - den Steuersatz.

- Fahrausweise für die Beförderung im inländischen und deutschen Personen- und Reisegepäckverkehr müssen folgende Angaben enthalten:
  - Namen und Anschrift des Beförderers
  - Entgelt und Steuerbetrag in einer Summe und
  - den Steuersatz (ausgen. ÖBB)
  - den auf das Inland entfallenden Steuersatz bei einer grenzüberschreitenden Personenbeförderung.

6.2. Sonstige Aufwendungen

Sonstige mit der Dienstreise in Zusammenhang stehende notwendige Auslagen wie Porti, Kosten für Zu- und Abfahrt vom Bahnhof und dgl. werden gemäß Nachweis ersetzt.

6.3. Alle Reisekostenabrechnungen sind vom Mitarbeiter, der die Kosten verursacht, und dem jeweiligen Vorgesetzten (mit Handlungsvollmacht) zu unterschreiben.

Der Vorgesetzte gibt mit seiner Unterschrift sein Einverständnis mit der Reise und die Kontrolle der Reisekostenabrechnung. Die Vorlage des Fahrtenbuches ist zur Überwachung des Treibstoffverbrauches und der gefahrenen Kilometer zweckmäßig.

7. Fahrtvergütung für ein öffentliches Verkehrsmittel

7.1. Die Angestellten erhalten bei unterbrochenen Fahrten bis 250 km Entfernung die Fahrtkosten für Eisenbahn 2. Klasse oder Autobus, bei ununterbrochenen Fahrten über 250 km oder bei angeordneten Nachtfahrten die Fahrtkosten für Eisenbahn 1. Klasse oder Autobus ersetzt.

7.2. Die Arbeiter erhalten einheitlich die Fahrtkosten für Eisenbahn 2. Klasse oder Autobus ersetzt.

7.3. Es werden nur die tatsächlich entstandenen Fahrtkosten vergütet.

8. Flugreisen

8.1. Versicherung von Flugreisen

Dienst-Flugreisen mit Linien- oder Chartermaschinen werden vom Unternehmen gegen Tod oder Invalidität versichert. Die Deckungssumme beträgt öS ....,– pro Person.

Anlage 8

Dienstanweisung für die Regelung von Bewirtungskosten, Anbahnungsspesen und Imagewerbung

1. Reine Repräsentationsaufwendungen sind steuerlich nicht abzugsfähige Betriebsausgaben. Aus diesem Grund müssen diese Ausgaben von der Geschäftsleitung speziell genehmigt werden.

2. Für die Geschäftsanbahnungs- und Bewirtungsspesen mit Werbecharakter sowie Imagewerbung gibt es folgende Regelung:

2.1. Derartige Ausgaben sind im jährlichen Kosten- und Ertragsbudget festzulegen.

2.2. Es muß ein direkter Zusammenhang mit einem konkreten Geschäftsabschluß (Behörden, Großabnehmer, u.a.) bestehen.

2.3. Bewirtung zu anderen Anlässen

An die Teilnehmer von Seminaren, Konferenzen und Präsentationen von neuen Produkten und Modellen können Imbisse und Getränke, soweit sie den üblichen Rahmen nicht überschreiten, verteilt werden. In solchen Fällen sind die entstandenen Kosten als Schulungskosten oder Imagewerbung zu verrechnen.

2.4. Werbegeschenke

Werbegeschenke müssen unbedingt eindeutig auf die vom Unternehmen erzeugten und/oder gehandelten Produkte oder auf das Unternehmen werbend hinweisen.

2.5. Freiwillige Sozialaufwendungen

Ausgaben für Jubiläumsgeschenke, Betriebsausflüge und -feiern, d.h. Zuwendungen an die Mitarbeiter, sind keine Aufwendungen im Sinne dieses Rundschreibens und sind daher von der Geschäftsleitung zusätzlich und im vorhinein genehmigen zu lassen.

3. Belege

3.1. Als Belege werden von der Finanzverwaltung nur ordnungsgemäß ausgefüllte Rechnungen anerkannt. Solange sogenannte „Kellnerzettel“ als Belege toleriert werden, müssen diese mit dem Stempel der Gaststätte sowie dem Datum versehen sein. Zur Glaubhaftmachung gegenüber der Finanzbehörde muß der Beleg eine detaillierte Auskunft über die Konsumation aufweisen und darf nicht pauschal mit „Speisen und Getränke“ beschriftet sein.

3.2. Belege sind entsprechend den steuerlichen Vorschriften auszustellen:

- Name und Anschrift der Gaststätte
- Name und Anschrift des Empfängers

- Datum
- Detaillierter Ausweis der Konsumation (Pauschalbezeichnung „Speisen und Getränke“ wird nicht akzeptiert)
- Bei einem Rechnungsbetrag unter öS 2.000,– muß die USt nicht gesondert ausgewiesen sein. Es genügt der Steuersatz. Bei einem Rechnungsbetrag über öS 2.000,– ist die USt gesondert auszuweisen.

3.3. Diese Rechnungen sind dem zuständigen kostenstellenverantwortlichen Vorgesetzten (mit Handlungsvollmacht i.V.) vorzulegen. Mit seiner Unterschrift dokumentiert der Vorgesetzte sein volles Einverständnis mit der Ausgabe.

3.4. Der Bewirtungsbeleg ist auf der Rückseite oder in einem Anhang um folgende Informationen zu ergänzen:

- Bewirtete Personen (z.B. „Bewirtung von Herrn XY der Firma XY“)
- Anlaß der Bewirtung bzw. Grund für das Geschenk
- das zu belastende Profit Center
- Unterschrift des Verursachers und des anweisenden Vorgesetzten.

Anlage 9

Ablaufregelung für die Eingangs- und Ausgangspost

1. Eingangspost

Die Post wird täglich am Beginn eines Arbeitstages von einem Mitarbeiter vom Postamt abgeholt und in den Empfang gebracht. Dort wird die Eingangspost geöffnet und den Eingangspostmappen den verschiedenen Abteilungen zugeordnet.

Alle Termine, die sich aus dem Posteingang ergeben, werden von den Sekretär(inn)en in den Terminkalender eingetragen. Anschließend wird die Postmappe an den Geschäftsführer und von diesem an die Abteilungsleiter weitergegeben. Der Abteilungsleiter teilt die Post an die zuständigen Sachbearbeiter aus.

1.1. Eingangsstempel

Die eingehenden Schriftstücke werden an einer freien Stelle mit dem Eingangsstempel versehen. Der Stempel muß eine Datumseinstellung aufweisen, die jeden Tag aktualisiert werden muß.

2. Ausgangspost

Die Post wird im Laufe des Tages in der dafür vorgesehenen Postausgangskiste, die im Sekretariat steht, gesammelt. Nach Postschluß (Mo bis Do 15.00 Uhr, Fr 12.00 Uhr) wird die Post vom/von der Sekretär(in) mit einem passenden Kuvert in die Postausgangsmappe gelegt und dem Abteilungsleiter oder Geschäftsführer vorgelegt. Nach der Kontrolle durch die Abteilungsleiter oder Geschäftsführer wird die gesamte Ausgangspost von einem/r Sekretär(in) in das EDV-mäßig geführte Postbuch eingetragen. Es wird von links nach rechts eingetragen, ob der Brief eingeschrieben und/oder expreß versendet wird, weiters der Name und die Postleitzahl des Empfängers in Klammer, und der Inhalt der Postsendung kurz beschrieben.

Dann werden die Briefe vom/von der Sekretär(in) in das beiliegende Kuvert gesteckt und zugeklebt. Die Postsendungen werden vom/von der Sekretär(in) abgewogen und frankiert.

Die gesamte Ausgangspost eines Tages wird von Montag bis Donnerstag spätestens ab 17.00 Uhr und am Freitag spätestens ab 13.00 Uhr zum Postamt gebracht.

Für jeweils eine Woche hat alternierend ein(e) Sekretär(in) die Ausgangspost auf das Postamt zu bringen. Pakete werden gesammelt und am nächsten Wochentag bei der Abholung der Eingangspost zum Postamt mitgenommen und verschickt.

Anlage 10

Dienstanweisung

Maßnahmen zur Verbesserung der Sicherheit in den Handelswaren- und Fertigwarenlagern

Zur Verbesserung der Lagersicherheit unserer Handelswaren und Fertigprodukte ist es notwendig, daß in allen Lagern folgende grundsätzliche Maßnahmen eingeführt werden:

1. Lagerzutritt

1.1. Der Zutritt zu allen Lagern ist nur dem Lagerpersonal und sonstigen ausdrücklich hiezu befugten Personen gestattet.

1.2. Die Anwesenheit des Lagerleiters oder seines Stellvertreters ist für die gesamte Betriebszeit vorgesehen. Diese Anwesenheit ist auch notwendig
- während der Reparaturzeiten in den Lagern
- anläßlich eines eventuellen Feiertagsdienstes
- solange überhaupt Lagermitarbeiter im Lager arbeiten.

1.3. Für alle Lagermitarbeiter ist eine Anwesenheitsstempelung vorgesehen.

2. Tor- und Türverschluß

2.1. In jedem Lager muß ein Schlüsselprotokoll des Gesamtbetriebes vorliegen. Dieses Protokoll muß beinhalten, welche Mitarbeiter welche Schlüssel für welche Räumlichkeiten besitzen.

2.2. Die Beschickungstore der Vorratslager sind nur bei An- und Auslieferungen offen zu halten.

2.3. Von den Lagerleitern sind alle sogenannten „Fluchtschlüssel“, die in den versiegelten Glaskästen aufbewahrt werden, regelmäßig auf Vorhandensein zu kontrollieren.

2.4. Die Lagertüren, die in das Innere der Lager führen, dürfen nur von der Lagerseite zu öffnen und müssen nach Möglichkeit mit einem automatischen Türschließer versehen sein.

2.5. Jeden Abend ist nach Betriebsschluß von einer hierfür vom Geschäftsführer bestimmten Person der Verschluß des gesamten Gebäudes zu kontrollieren.

2.6. Bei besonders einbruchsgefährdeten Stellen soll gegebenenfalls durch eine entsprechende Ausleuchtung vorgesorgt werden.

3. Torkontrollen

Grundsätzlich sind Torkontrollen durchzuführen.

3.1. Torkontrollen werden unter Einbezug des Betriebsrates oder Vertrauensmannes eingeführt.

3.2. Bei diesen Torkontrollen wird kein Unterschied zwischen Arbeitern und Angestellten oder der hierarchischen Stellung der Mitarbeiter gemacht, sondern nach einem abzusprechenden Zufallsprinzip vorgegangen.

3.3. Die Torkontrolleure sind regelmäßig zu wechseln.

3.4. Wenn die örtliche Gegebenheiten es zulassen, ist ein akustischer oder optischer Zufallsgenerator aufzustellen. Wenn dies nicht möglich ist, sollten andere Torkontrollen auf Basis von Zufallskontrollen eingeführt werden.

3.5. Kontrolliert werden private PKW und Dienstfahrzeuge sowie Taschen und sonstige Gepäckstücke.

3.6. Kontrolliert werden LKW, wobei Ladungen mit den Begleitpapieren verglichen werden.

3.7. Die Durchführung der Torkontrollen ist zu dokumentieren.

4. Lagerung der diebstahlgefährdeten Artikel

4.1. Vom Lagerleiter und vom Geschäftsführer sind in jedem Betrieb die diebstahlgefährdeten Artikel als solche festzustellen.

4.2. Für diese „kritischen Artikel“ muß eine sorgfältigere, sicherere und separate Lagerung vorgesehen werden, als dies für die gewöhnlichen Handels- und Fertigprodukte der Fall ist.

4.3. Für die „kritischen Artikel“ sind zusätzlich zu den gewöhnlichen EDV-gestützten Organisationsmitteln der Bestandsführung händische Lagerfachkarten zu führen, die für jede Bewegung einen Beleghinweis ausweisen und im Regal bei den Artikeln liegen müssen. Bei Entnahmen wird der Ausgang sofort auf dieser Lagerfachkarte eingetragen. Bevor die EDV-Bestandsführung den Ausgang verbucht, kann jederzeit der Ist- mit dem Sollbestand aktuell verglichen werden.

4.4. Kritische Artikel sind permanent und kurzfristig zu inventieren. Alle Soll/Ist-Differenzen müssen analysiert und dem Geschäftsführer vorgelegt werden.

4.5. Obsolete Artikel sind nicht nur separat zu lagern, sondern es muß für sie auch eine Bestandsevidenz geführt werden.

5. Permanente Inventur

5.1. Zusätzlich zur jährlichen Stichtagsinventur müssen mindestens einmal jährlich alle Lagerbestände permanent inventiert werden.

5.2. Die Ursache aller Bestandsdifferenzen ist aufzuklären, zu dokumentieren und der Geschäftsleitung vorzulegen.

5.3. Eine Bestand- oder mindestens eine Evidenzführung muß auch für Handelswaren und Fertigprodukte, die sich in Schaukästen und Musterzimmern befinden, gewährleistet sein.

5.4. Die Geschäftsführer müssen dafür Sorge tragen, daß die permanente Inventur auch tatsächlich durchgeführt wird. Die permanente Kontrolle der Inventur soll stichprobenweise durch Mitarbeiter, die nicht zum Lagerpersonal gehören, vorgenommen werden.

6. Verrechnung und Fakturierung

6.1. Es muß eine personelle Trennung der Bestandsführung von der Ein- und Ausgabe von Lagerwaren vorgesehen sein.

6.2. Für Material- und Handelswarenentnahmen dürfen ausschließlich streng verrechenbare Organisationsmittel verwendet werden. Auch Lieferscheine müssen vornumeriert sein.

6.3. Ein Warenausgang im Barverkauf kann erst nach erfolgtem Inkasso durchgeführt werden (Registrierkassendruck am Beleg).

6.4. Für Reparaturen und Storni sind entsprechende verrechenbare Belege zu verwenden, die nur nach Abzeichnung durch den Lagerleiter verbucht werden können.

6.5. Kontrolle des Wareneinganges

Wenn die Bestandsführung im Lager gemacht wird, sollte der Mitarbeiter des Wareneinganges nicht gleichzeitig mit der Bestandsführung betraut sein. Weiters muß gewährleistet sein, daß durch den Wareneingang die spätere Eingangsfaktura mit den Begleitpapieren der Warenlieferung verglichen wird.

6.6. Von Lieferanten gewährte Naturalrabatte sind in der Bestandsführung zu erfassen.

7. Personal

7.1. Bei der Aufnahme von Lagerpersonal ist eine Auskunft eines oder mehrerer vorheriger Dienstgeber einzuholen. Unter Umständen empfiehlt sich auch die Einholung eines Strafregisterauszuges.

7.2. Der Lagerleiter hat auch während der Betriebszeit durch eine Beaufsichtigung des Personals die Lagersicherheit zu gewährleisten.

8. Verschrottung von Handelswaren und Ersatzteilen

Die Verschrottung von unverkäuflichen Handelswaren und Ersatzteilen ist im vorhinein der Geschäftsleitung zu melden.

9. Maßnahmen im Falle von dolosen Handlungen

Bei Vermögensdelikten oder geschäftsschädigenden Handlungen durch eigene Mitarbeiter oder betriebsfremde Personen (Diebstahl, Einbruch, Unterschlagung, Betrug, Beleg- und Urkundenfälschung) ist die Geschäftsleitung sofort zu verständigen. Es ist nicht vorgesehen, daß die Aufklärung bzw. Behandlung solcher Vorkommnisse in den jeweiligen Lagern allein zu erfolgen hat. Auf jeden Fall steht bei solchen Vorkommnissen die Schadenswiedergutmachung im Vordergrund. Die Entscheidung über eine polizeiliche Anzeige liegt beim Geschäftsführer.

Anlage 11

Risikoanalyse und Risikokatalog Kassa

1. Dolose Handlungen
   - Mehrfachverwendung von Belegen
   - Nichtausstellung von Kassa-Eingangsbelegen
   - Auszahlung von nicht angewiesenen Belegen
   - Umgehung des Genehmigungsverfahrens für Kassaauszahlungen
   - Nichtabfuhr von inkassierten Geldern an die Hauptkassa
   - Unterschlagung von abgeführten Geldern durch die Hauptkassa mit dem Hinweis, diese Geldabfuhr vom Inkassanten nicht erhalten zu haben.
2. Unbeabsichtigte Sicherheitsrisiken
   - Bei Geldauszahlung Auszahlungsbeleg zu schreiben vergessen
   - Bei Geldeinnahme Kassaeingangsbeleg zu schreiben vergessen
   - Beraubung des Kassaboten
   - Einbruch.
3. Verstöße gegen die Ordnungsmäßigkeit
   - nicht sofortige Kassabucheintragungen bei Zahlungsvorgängen
   - nicht chronologische Eintragungen (negativer Kassensaldo)
   - Radierungen und Unkenntlichmachung von Eintragungen
   - Auslassen von Zeilen
   - Mehrfache Zutrittsberechtigung zur Kassa
   - Leerformulare nicht unter Verschluß
   - Bons als Bargeld
   - Sorglosigkeit bei Entgegennahme von Schecks (mangelnde Kontrolle der Scheckkarten)
   - Unterlassung von Kassenstürzen.

Anlage 12

Risikoanalyse Einkauf

1. Bedarfsanforderung
   - Bestellaufträge können vorgetäuscht oder überhöht ausgestellt sein
   - Vortäuschung einer Eilbestellung, um einen bestimmten Lieferanten durchzubringen
   - Aufteilung der Anforderung in Teilanforderungen, um die Bestellwertgrenze zu unterschreiten und so zusätzliche Unterschriften für die Genehmigung zu umgehen
   - Qualitätsspezifizierung unterlassen oder auf den favorisierten Lieferanten zuschneiden
2. Angebote und Anfragen
   - Nichteinladen bestimmter Firmen bei der Angebotseinholung
   - Unterlassung von Angebotsvergleichen
   - Unterlassung der Angebotseinholung durch Vortäuschung größter Dringlichkeit
   - Indiskrete Preisgabe von Konkurrenzpreisen an einen bestimmten Lieferanten bei gleichzeitigem Unterschieben von nachträglich angegebenen Angeboten
3. Bestellwesen
   - Absenden falscher Bestellungen durch Veränderung von Preisen, Rabatten, Qualitätsanforderungen
   - Begünstigung des Lieferanten durch Anzahlungen, die im Grunde nicht oder nicht in der Höhe notwendig sind
   - Bewußtes Nichtberücksichtigen günstiger Angebote bei der Bestellung
4. Wareneingang
   - Ausstellen von fingierten Wareneingangsmeldungen
   - Nichtdurchführung der materiellen Kontrolle (Wägen, Zählen, Messen, etc.)
   - Bewußtes Unterlassen von begründeten Mängelrügen
   - Bestätigung größerer Mengen und besserer Qualitäten als tatsächlich geliefert
   - Private Verwendung gelieferter Waren unter Vortäuschung von Transportverlusten (Bruch, Schwund)
   - Unterschlagung von Naturalrabatten

Anlage 13

Checklisten zur Prüfung und Beurteilung des Internen Kontrollsystems

Die Prüfung des Internen Kontrollsystems

Folgende Checklisten in Form von Fragelisten sollen eine Hilfe und Anleitung für die Prüfung des IKS und des Ist-Zustands sein.

Eigene Prüfungen, Beobachtungen und Tests sind der Interviewtechnik vorzuziehen, wodurch sich sehr oft eine Fragestellung in Form von Checklisten erübrigt.

Weil die Prüfung des IKS eine Systemprüfung in einem bestimmten Unternehmen ist, können diese Checklisten auch keinen Anspruch auf Vollständigkeit erheben.

Sie werden darin also auch Fragen vorfinden, die für das speziell zu prüfende Unternehmen nicht relevant sind.

Andererseits werden Sie für das zu prüfende Unternehmen spezifische Fragen zusätzlich aufnehmen müssen. Der Prüfer muß sich einer besonderen Interviewtechnik bedienen.

- Die Fragen sollten nicht vorgelesen, sondern sinngemäß gestellt werden, Suggestivfragen wie „Sie haben doch sicherlich“ sind zu vermeiden, weil die Antworten dann nicht objektiv sind.
- Unklarheiten und Widersprüche müssen sofort geklärt werden.
- Zahlenangaben sollten Sie überprüfen. Unterlagen zu den Antworten sollten kopiert oder im Original mitgenommen werden.

Nach Beendigung der Untersuchungen und Befragungen ergibt sich der Ist-Zustand des IKS.

Bei der kritischen Beurteilung des Ist-Zustandes sollte bei den Nein-Antworten geprüft werden, ob der erwünschte Soll-Zustand bzw. angestrebte Zweck nicht vielleicht in anderer Weise erreicht wurde.

Nach dem Vergleich mit dem erwünschten Soll-Zustand sollte dieser zur Einführung vorgeschlagen werden.

Lfd. Nr.	**1. Aufbauorganisation**	Ja	Nein	Kommentar
1.1	Liegt ein schriftliches Organigramm für den gesamten Betrieb vor?			
1.2	Sind für alle Mitarbeiter im Organigramm die Verantwortungsbereiche klar abgegrenzt?			
1.3	Sind Linien- und Stabsfunktionen getrennt?			
1.4	Sind die Kontrollspannen angemessen (mind. 3, höchstens 7 Untergebene)?			
1.5	Gibt es Mehrfachüber- bzw. -unterstellungen?			
1.6	Sind in dem Organigramm bzw. in den Einzelplänen nur miteinander zu vereinbarende Tätigkeiten zusammengefaßt?			
1.7	Ist das Organigramm den Mitarbeitern im erforderlichen Umfang bekanntgegeben worden?			
1.8	Sind die Stellvertretungen ausreichend geregelt? – Wenn nein, welche nicht?			
1.9	Ergeben sich bei Stellvertretungen Zusammenfassungen von miteinander nicht zu vereinbarenden Tätigkeiten? – Wenn ja, in welchen Bereichen?			
1.10	Wird das Minimalprinzip eingehalten (so viel wie nötig, so wenig wie möglich organisiert)?			
1.11	Wird die persönliche Initiative der Mitarbeiter durch die Organisation eingeschränkt?			
1.12	Sind die – Organigramme – Organisationspläne – Stellenbeschreibungen auf dem neuesten Stand?			

Lfd. Nr.	**1. Aufbauorganisation**	Ja	Nein	Kommentar
1.13	Ist die Organisation flexibel genug, um auf Veränderungen zu reagieren?			
1.14	Ist für jede Stelle die Übereinstimmung von – Aufgabe – Kompetenz – Verantwortung gegeben?			
1.15	Sind in jeder organisatorischen Einheit des Unternehmens alle für die Aufgabenerfüllung erforderlichen Tätigkeiten zusammengefaßt (z.B. alle Einkaufstätigkeiten im Einkauf)?			
1.16	Kann jede organisatorische Einheit von einem neu Eintretenden rasch durchschaut werden? Transparenz wird durch einfachste Verfahren und Abläufe erzielt.			

Lfd. Nr.	**2. Ablauforganisation**	Ja	Nein	Kommentar
2.1	Besteht bei mehreren Geschäftsführern ein Geschäftsverteilungsplan?			
2.2	Grenzt dieser die Aufgabenbereiche klar ab?			
2.3	Sind die Handlungs- und Unterschriftsvollmachten schriftlich dokumentiert?			
2.4	Werden bei den Handlungs- und Unterschriftsvollmachten – das 4-Augen-Prinzip – das Unvereinbarkeitsprinzip – die interne Kontrolle berücksichtigt?			
2.5	Sind die Handlungs- und Unterschriftsvollmachten den Mitarbeitern im erforderlichen Umfang bekanntgegeben worden?			
2.6	Sind die Vollmachtsübersichten auf dem neuesten Stand?			
2.7	Bestehen für alle wesentlichen Arbeitsbereiche Stellenbeschreibungen? – Wenn nein, für welche nicht?			
2.8	Sind in den Stellenbeschreibungen nur Tätigkeiten zusammengefaßt, die im Hinblick auf das Interne Kontrollsystem miteinander vereinbar sind? – Wenn nein, in welchen Stellenbeschreibungen sind Schwachstellen?			
2.9	Bestehen für alle wichtigen Arbeitsabläufe schriftliche Arbeitsablaufbeschreibungen?			
2.10	Berücksichtigen die Dienst- bzw. Arbeitsanweisungen in ausreichendem Maße das 4-Augen-Prinzip oder sonstige Kontrollen?			

Lfd. Nr.	**2. Ablauforganisation**	Ja	Nein	Kommentar
2.11	Sind die Arbeits- bzw. Dienstanweisungen auf dem neuesten Stand?			
2.12	Welche Arbeitsabläufe sollten ebenfalls entsprechend geregelt werden?			
2.13	Sind alle organisatorische Regelungen auch bekanntgemacht?			
2.14	Sind die schriftlichen Regelungen und Anweisungen schon so umfangreich, daß ein Organisationshandbuch zweckmäßig wäre?			

Lfd. Nr.	**3. Sicherungsvorkehrungen**	Ja	Nein	Kommentar
3.1	Bestehen Sicherungsvorkehrungen gegen den Zutritt von Unbefugten (in Lagern, EDV-, Verkaufsräumen etc.)?			
3.2	Bestehen Sicherungsvorkehrungen gegen den Zugriff Unbefugter auf Vermögensgegenstände, Urkunden und schutzwürdige Daten? – Welche Vorkehrungen sollten noch getroffen werden?			
3.3	Gibt es ein Schlüsselprotokoll (Verzeichnis, wem welche Schlüssel ausgehändigt oder sonstige Sicherungsvorkehrungen bekanntgemacht worden sind)?			
3.4	Werden die nicht ausgehändigten Schlüssel und ähnliche Sicherungsvorkehrungen so aufbewahrt, daß sie einem unbefugten Dritten nicht zugänglich sind?			
3.5	Berücksichtigt die Verteilung von Schlüsseln und sonstigen Sicherungsvorkehrungen in ausreichendem Maße die Erfordernisse des 4-Augen-Prinzips und das Prinzip der Unvereinbarkeit?			
3.6	Ist das Verzeichnis der Verteilung der Sicherungsvorkehrungen (Schlüssel usw.) auf dem neuesten Stand?			
3.7	Welche Sicherungen und Maßnahmen gibt es für den Ausfall der EDV-Anlage?			
3.8	Welche Sicherheiten gibt es gegen Mißbrauch von Insider-Informationen, Betriebsspionage?			
3.9	Welche Ehepaare und Verwandten sind im Unternehmen in welchen Funktionen tätig? Wird hierbei gegen Grundsätze des IKS verstoßen? Unvereinbarkeit?			

Lfd. Nr.	**4. Anlagenverwaltung**	Ja	Nein	Kommentar
4.1	Bestehen eindeutige Regelungen und Vollmachten für die Anschaffung von Anlagegegenständen (Investitionsantrag, Investitionsrechnungen, Genehmigungsverfahren)? – Wird die Einhaltung überwacht?			
4.2	Bestehen Regelungen für die Wartung und Instandhaltung der Anlagen? – Wird die Einhaltung kontrolliert?			
4.3	Bestehen Regelungen bei der Veräußerung und Verschrottung von Anlagegegenständen (4-Augen-Prinzip bei Preisfestsetzung, Verschrottungsgenehmigung, Entsorgung, Meldung an FIBU)?			
4.4	Ist sichergestellt, daß die Anlagegegenstände vollständig und zeitgerecht im Anlagenverzeichnis (Datei) erfaßt werden?			
4.5	Wird die Anlagendatei gewartet?			
4.6	Wird eine periodische Bestandsaufnahme der Anlagegegenstände mit anschließendem Soll-Ist-Vergleich vorgenommen? Wird den ungeklärten Abgängen nachgegangen?			
4.7	Ist eine Identifizierung mit fortlaufenden Inventarnummern zweckmäßig?			
4.8	Wie werden die geringwertigen Wirtschaftsgüter (Anschaffungspreis unter öS 5000,–) in Evidenz gehalten und dolose Handlungen in diesem Bereich verhindert?			
4.9	Werden selbst hergestellte Anlagen richtig mit den Herstellungskosten bewertet und aktiviert?			

Lfd. Nr.	**4. Anlagenverwaltung**	Ja	Nein	Kommentar
4.10	Werden abgeschriebene Anlagen durch Erinnerungswerte evident gehalten?			
4.11	Entsprechen die Summen des Anlagenverzeichnis denen der FIBU?			
4.12	Sind die geleasten Anlagegegenstände gesondert in Evidenz gehalten?			
4.13	Gibt es Richtlinien zur Unterscheidung, was aktivierungspflichtige Anlagen, Instandsetzungen und Instandhaltungen sind? – Wenn ja, wer legt diese Richtlinien fest?			

Lfd. Nr.	**5. Versicherungswesen**	Ja	Nein	Kommentar
5.1	Gibt es eine Dienstanweisung über das Procedere der Versicherungsabwicklung?			
5.2	Werden Angebote bei mehreren Versicherungsanstalten eingeholt?			
5.3	Wird geprüft, ob das Risiko nicht selbst getragen werden kann?			
5.4	Wird die Versicherungssumme auf den höchstmöglichen Schaden limitiert?			
5.5	Ist die Einschaltung von Maklern zweckmäßig?			
5.6	Fließen Mitarbeitern, die für den Abschluß von Versicherungen verantwortlich sind, bzw. deren Angehörigen hieraus Abschluß- und Inkassoprämien zu?			
5.7	Ist die Abwicklung von Schadenfällen geregelt. Ist z.B. der Eingang des Schadensbetrages gesichert?			
5.8	Werden die Polizzen sicher aufbewahrt?			
5.9	Wird der Versicherungsschutz laufend den Veränderungen der Zu- und Abgänge angepaßt?			
5.10	Bestehen angemessene Sicherheitsmaßnahmen zum Schutz gegen Diebstahl und Einbruch, die zur Senkung der Prämien führen sollten?			

Lfd. Nr.	**6. Personalwesen, Lohn- und Gehaltsabrechnung**	Ja	Nein	Kommentar
6.1	Ist die Kompetenz für Personalaufnahme, Kündigungen und Entlassungen geregelt?			
6.2	Bestehen klare Regelungen, wer über die Lohn- und Gehaltsfestsetzung entscheidet?			
6.3	Werden bei Neueinstellungen von Personal polizeiliche Führungszeugnisse bzw. Informationen bei früheren Dienstgebern eingeholt?			
6.4	Wird die Lohn- und Gehaltsfestsetzung in der Lohnverrechnung dokumentiert und ist diese nachvollziehbar?			
6.5	Ist sichergestellt, daß Löhne, Gehälter oder Provisionen nicht an Unberechtigte oder in der falschen Höhe bezahlt werden?			
6.6	Ist organisatorisch gesichert, daß die Lohn- und Gehaltslisten dem tatsächlichen Personalstand entsprechen?			
6.7	Wird überwacht, ob Mitarbeiter, die wegen Karenzierung oder längerer Krankheit keinen Anspruch auf Entgelt haben, in der Lohn/Gehaltsliste nicht aufscheinen? (Ist das Austrittsdatum ident mit Abmeldedatum bei der Gebietskrankenkasse?)			
6.8	Ist die Stellvertretung für die Lohn- und Gehaltsabrechnung geregelt? Ist diese Regelung mit dem Prinzip der Funktionstrennung vereinbar? (Nicht vereinbar mit Kassaführung, Festsetzung der Bezüge, Führung von Anwesenheitslisten!)			

Lfd. Nr.	**6. Personalwesen, Lohn- und Gehaltsabrechnung**	Ja	Nein	Kommentar
6.9	Ist sichergestellt, daß bei Austritt eines Mitarbeiters das firmeneigene Werkzeug, die Arbeitskleidung, der Dienstwagen in ordnungsgemäßem Zustand zurückgegeben wurden und das noch ausstehende Firmendarlehen vom Endbezug abgezogen wurde (Laufzettel von den einzelnen Abteilungen abzeichnen lassen!)?			
6.10	Werden die Anwesenheitskontrollen überwacht (z.B. bei Gleitzeitsystemen die Stempelung der Mittagspause)?			
6.11	Sind von der Anwesenheitskontrolle bestimmte Mitarbeiter ausgenommen? – Ist dies vertretbar?			
6.12	Wird Gleitzeitüber- oder -unterschreitung überwacht und ausgeglichen?			
6.13	Werden Personaleinstellungen einvernehmlich zwischen Personalabteilung und aufnehmender Abteilung vorgenommen?			
6.14	Gibt es Mitarbeiterbeurteilungen?			
6.15	Wird darauf geachtet, daß die Mitarbeiter in Vertrauensstellungen regelmäßig ihren Urlaub nehmen und vertreten werden?			
6.16	Müssen Nebenbeschäftigungen, insbesondere der leitenden Angestellten, der Geschäftsleitung gemeldet oder genehmigt werden?			
6.17	Ist die korrekte Abrechnung von während des Monats ausscheidenden Dienstnehmern gegeben? Wie fließen diese Abrechnungen in die monatliche EDV-Lohnverrechnung ein?			
6.18	Wird die Summe der geleisteten Arbeitsstunden mit dem Anwesenheitsnachweis abgestimmt?			

Lfd. Nr.	**6. Personalwesen, Lohn- und Gehaltsabrechnung**	Ja	Nein	Kommentar
6.19	Wird kontrolliert, ob geleistete Überstunden vom hierzu Berechtigten angeordnet waren?			
6.20	Wird geprüft, ob geleistete Überstunden betriebsnotwendig waren? Konnte Zeitausgleich gegeben werden?			
6.21	Werden Urlaubstage ordnungsgemäß erfaßt und dokumentiert? Werden hohe Urlaubsguthaben sukzessive abgebaut? Werden laufende Aufstockungen von Urlaubsguthaben der Geschäftsleitung zur Kenntnis gebracht?			
6.22	Werden Krankheitstage ordnungsgemäß erfaßt und dokumentiert? Werden Krankenstände bei Fenstertagen überwacht?			
6.23	Werden freiwillige soziale Leistungen widmungsgemäß konsumiert?			
6.24	Ist sichergestellt, daß Aushilfslöhne ordnungsgemäß erfaßt und abgerechnet werden?			
6.25	Ist die Lohnauszahlung von der Lohnbuchhaltung getrennt?			
6.26	Private Verwendung von Büromaterial: – Wird teures Büromaterial auf Lager gelegt oder bei genehmigtem Bedarf direkt eingekauft? – Wird in den Abteilungen Büromaterial gehortet? – Sind Druckaufträge für die Hausdruckerei zu genehmigen und gibt es hierfür schriftliche Arbeitsaufträge?			
6.27	Gibt es Regelungen für die private Verwendung – des Kopierers? – der Telefonanlage? – für die Abfertigung der privaten Korrespondenz?			

Lfd. Nr.	**7. Rechnungswesen**	Ja	Nein	Kommentar
7.1	**Tagfertigkeit** Künstlich herbeigeführte Arbeitsrückstände rufen Unübersichtlichkeit hervor, erschweren Kontrollen. Wird der Eindruck von Eifrigkeit und Arbeitsüberlastung, gepaart mit der Unabkömmlichkeit (jahrelang kein Urlaub) vorgespielt?			
7.2	**Belege** Sind folgende Anforderungen gegeben?			
7.2.1	Keine Buchung ohne Beleg			
7.2.2	Einhaltung der gesetzlichen „Belegstrenge" – Unleserliche Schrift, undeutliche Schrift, Rasuren? – Verschmutzung von Buchungsunterlagen (Vorwand für die Anfertigung sauberer Abschriften)? – Verwendung von Fotokopien als Ersatzbelege, damit Radierungen auf Originalen nicht auffallen?			
7.2.3	Chronologie der Belegverbuchung			
7.2.4	Verwendung von dokumentensicheren Schreibgeräten			
7.2.5	Berechtigung für die Ausstellung von Umbuchungen und Stornos			
7.2.6	Sicherstellung der Vollständigkeit der Belege			
7.2.7	Keine Belegverarbeitung ohne Prüfung der formellen und materiellen Richtigkeit			
7.2.8	Standardisierung der Belegvermerke; Dokumentierung der Paraphen und Unterschriften der Freigabeberechtigten und Kenntnisbringung an Einkauf, Buchhaltung, Lager etc.			

Lfd. Nr.	**7. Rechnungswesen**	Ja	Nein	Kommentar
7.2.9	Belegentwertung zwecks Vermeidung der Wiederverwendung (wichtig bei Mikroverfilmung)			
7.2.10	Vermeidung unberechtigter Belegentnahmen			
7.2.11	Verwendung der vorgesehenen (verrechenbaren) Drucksorten			
7.2.12	Regelung Belegfluß			
7.213	Einhaltung der gesetzlichen Aufbewahrungspflicht			
7.3	**Dateneingabe** Sind folgende Regelungen gegeben?			
7.3.1	Festlegung des berechtigten Personenkreises			
7.3.2	Benützungsberechtigung an den Terminals			
7.3.3	Regelung Paßwortwechsel			
7.3.4	Berechtigung für die Anlage und Veränderung von Stammdaten			
7.3.5	Berechtigung für die Veränderung von Bewegungsdaten. Die Möglichkeit, erfolgswirksame Umbuchungen durchzuführen, verlangt das 4-Augen-Prinzip. Hervorrufung von Unübersichtlichkeit durch Vornahme zahlreicher Umbuchungen und Stornierungen.			
7.3.6	Festlegung und Programmierung der Buchungsssymbole Vermeidung von: – absichtlich falscher Verwendung von Symbolen, um Belegauffindung zu erschweren			

Lfd. Nr.	**7. Rechnungswesen**	Ja	Nein	Kommentar
	– programmierter Möglichkeit von Kontenraffungen, die Intransparenz schaffen			
7.3.7	Ist aufgrund der Beleg- und Gegenkontenhinweise auf den Konten jede Buchung prüf- und nachvollziehbar?			
7.3.8	Alle Umbuchungen auf den Konten der Klasse 1 oder 4, wenn die Gegenkonten zur Klasse 2 oder 3 gehören, verlangen das 4-Augen-Prinzip (2 Unterschriften auf dem Umbuchungsbeleg)!			
7.4	**Datenergebniskontrolle** Sind folgende Regelungen gegeben?			
7.4.1	Informationspflicht des Vorgesetzten bei falschen Ergebnissen			
7.4.2	Funktionstrennung Belegerstellung – Dateneingabe – Zahlungsverkehr			
7.4.3	Protokollierung aller Veränderungen von Stamm- und Bewegungsdaten			
7.4.4	Kontrolle und Auswertung der Protokolle durch Finanz- bzw. EDV-Leitung			
7.4.5	Dokumentation von Umschlüsselungen und automatisierten Kostenumlagen in der Kostenstellenrechnung			
7.4.6	Minimierung, Festlegung und Dokumentation aller Buchungen, die nur in der Kostenrechnung durchgeführt und nicht in der Finanzbuchhaltung aufscheinen			
7.4.7	Sicherheit des Datentransports außer Haus			

Lfd. Nr.	7. Rechnungswesen	Ja	Nein	Kommentar
7.5	**Datensicherheit** Sind folgende Sicherheiten gegeben?			
7.5.1	Kein Unbefugter kann Daten während – der Erfassung – der Verarbeitung – der Verfilmung – des Datentransportes aus der Ablage abfragen, verändern, löschen oder kopieren.			
7.5.2	Ist die Beleg- und Kontoablage feuer- und diebstahlsicher?			
7.5.3	Ordnungsmäßigkeit und Sicherheit der Mikroverfilmung?			
7.6	**Mahnwesen** Sind folgende Regelungen und Sicherstellungen gegeben?			
7.6.1	Regelung Mahnintervalle Mahnautomatik für 1. und 2. Mahnung der Regelung der Übergabe an Rechtsanwalt oder Inkassobüro			
7.6.2	Information der Verkaufsabteilung über Problemkunden			
7.6.3	Sicherstellung, daß Debitorenkonten mit Habensalden regelmäßig auf Fehlbuchungen untersucht werden?			
7.6.4	Regelmäßige Abstimmung zwischen Debitorenbuchhaltung und Hauptbuch vorgesehen?			
7.6.5	Ist sichergestellt, daß nachträgliche Zahlungseingänge auf bereits abgeschriebene Forderungen ordnungsgemäß vereinnahmt und gebucht werden?			
7.6.6	Werden regelmäßig „Offene-Posten-Listen“ mit Angabe der Mahnstufen ausgedruckt und auch der Verkaufsabteilung/Geschäftsleitung zur Information vorgelegt?			

Lfd. Nr.	**7. Rechnungswesen**	Ja	Nein	Kommentar
7.6.7	Unterdrückt die Verkaufsabteilung Mahnungen an bestimmte Kunden?			
7.6.8	Werden Kreditlimits festgelegt und überwacht?			
7.6.9	Werden und wie oft werden Saldenbestätigungen eingeholt?			
7.6.10	Werden Zahlungsdifferenzen von Kunden wegen Reklamationen dem Verkauf sofort zur Erledigung gemeldet? Besteht hierfür eine Systematik (Zahlungsdifferenzformular)?			
7.7	**Funktionstrennung**			
7.7.2	Ist eine Funktionstrennung der Mitarbeiter im Rechnungswesen von – der Kassa – der Wertpapierverwaltung – der Einkaufstätigkeit – der Verkaufstätigkeit – der Wareneingangskontrolle gegeben?			
7.7.3	Wer kann allein erfolgswirksame Um- und Ausbuchungen vornehmen? – Gutschriften an Kunden wegen Retouren oder Reklamation – Ausbuchung von Forderungen			
7.8	**Archivierung**			
7.8.1	Ist die Ablage gegen Mißbrauch gesichert?			
7.8.2	Wer entscheidet, wann Belege vernichtet werden?			
7.8.3	Sind Ablagebehälter und Kartons so beschriftet, daß jeder Beleg rasch auffindbar und für die Aufbewahrungsfrist erkennbar ist?			

Lfd. Nr.	**7. Rechnungswesen**	Ja	Nein	Kommentar
7.8.4	Werden die Datenträger entsprechend geschützt und sicher aufbewahrt?			
7.8.5	Können die Datenträger jederzeit und rasch durch die vorhandene Hard- und Software lesbar gemacht werden?			
7.8.6	Entspricht die Archivierung der Mikroverfilmung den Grundsätzen des IKS?			

Lfd. Nr.	**8. Kassa und Bankverkehr**	Ja	Nein	Kommentar
8.	**Sind folgende Voraussetzungen für eine sichere und ordnungsgemäße Kassenführung gegeben?**			
8.1	Kassaführungsordnung vorhanden?			
8.2	Funktionstrennung von anderen unvereinbaren Tätigkeiten			
8.3	Verrechenbare Kassaeingangs- und -ausgangsblöcke (Sicherung vor Mißbrauch!), Regelung für verschriebene Formulare			
8.4	Sofortige Sicherung der Kassenbelege gegen Wiederverwendung			
8.5	Chronologie der Eintragungen Gibt es Kassabuchminusbestände?			
8.6	Kassakräfte – Keine Bankvollmacht für den Kassier – Prüfung der persönlichen Integrität – Regelmäßige Urlaubsvertretungen und Urlaube des Kassiers			
8.7	Belegzwang und gesetzliche Belegstrenge für alle Kassabewegungen			
8.8	Regelung – Kassasturz – Eiserner Bestand – Versicherung des Kassabestandes – Reserveschlüssel – Schlüsselprotokoll – Verbot der Aufbewahrung privater Gelder – Sicherstellung der Abfuhr der von Dritten inkassierten Gelder (z.B. Verkäufer) – Bargeldtransporte außer Haus – Kassahöchst- und -mindestbestände			

Lfd. Nr.	**8. Kassa und Bankverkehr**	Ja	Nein	Kommentar
	– Verbot von längerdauernden Kassabons – Portokassa mit Dotierungssystem			
8.9	**Bankverkehr** Sind folgende Voraussetzungen gegeben?			
8.9.1	Regelung der Bankvollmachten nach dem 4-Augen-Prinzip (auch bei Electronic Banking)			
8.9.2	Verfahrensregelung für eingehende Schecks – Umwandlung von mit der Post eingehenden Barschecks in Verrechnungsschecks – Führung Scheckeingangsverzeichnis – Verfahren für Aufbewahrung, Einreichung und Nichteinlösung festgelegt?			
8.9.3	Bei Scheckausstellung nur Verrechnungsschecks ausstellen (Ausnahme für Kassaabhebungen)			
8.9.4	Nachweis für ausgestellte Schecks, Verwahrung verschriebener Schecks			
8.9.5	Scheckausstellung gegen Vorlage der Originalunterlagen oder Anweisung von Befugten			
8.9.6	Sichere Aufbewahrung der Scheckvordrucke gegen Mißbrauch			
8.9.7	Abstemplung aller „bezahlten“ Unterlagen mit dem „Bezahlt“-Stempel			
8.9.8	Regelmäßige Abstimmung des Geldtransitkontos „Kassa – Bank“			
8.9.9	Werden die Bankkonditionen laufend mit anderen Bankinstituten verglichen und neu verhandelt, damit immer die optimalen Konditionen zur Anwendung kommen?			

Lfd. Nr.	**8. Kassa und Bankverkehr**	Ja	Nein	Kommentar
8.9.10	Werden die Zins- und Spesenbelastungen der Banken nachgerechnet?			
8.9.11	Hat die Buchhaltung oder Kassa Zugang zu den Scheckformularen, Faksimilestempeln, Unterschriftsstempeln?			
8.9.12	Werden Blankoschecks ausgestellt? – Für welche Zwecke?			
8.9.13	Wie ist das 4-Augen-Prinzip beim Electronic und Telebanking gesichert?			
8.10	**Wertpapiere**			
8.10.1	Werden Wertpapiere in einem Bankdepot aufbewahrt? Kann die Verfügung hierüber nur durch Doppelunterschrift erfolgen?			
8.10.2	Bei Selbstaufbewahrung: Schutz gegen Diebstahl, Feuer, Wasser gegeben?			
8.10.3	Wird darauf geachtet, daß die Höhe des Wertpapierbestandes der Dekkung der Abfertigungs- und Pensionsrückstellungen rechtzeitig angepaßt wird?			

Lfd. Nr.	**9. Abwicklung von Verbindlichkeiten**	Ja	Nein	Kommentar
9.1	Besteht Funktionstrennung zwischen Zahlungsanweisung und Kontoführung?			
9.2	Gibt es eine institutionalisierte Rechnungsprüfung vor der Zahlungsanweisung?			
9.3	Werden Zahlungstermine und die Ausnutzung von Skonti eingehalten?			
9.4	Ist sichergestellt, daß keine Rechnung doppelt bezahlt wird?			
9.5	Wird bei Mängelrügen die Eingangsrechnung zur Korrektur an den Lieferanten retourniert?			
9.6	Werden Lieferantenkonti pro diversi vermieden?			
9.7	Werden alle Eingangsrechnungen über Kreditorenkonten verbucht?			
9.8	Ist die Rücksendung von Verpackungen und Gebinden so systematisiert, daß die zu erwartenden Pfandgutschriften überwacht werden?			
9.9	Ist die Wiederverwendung von Eingangsrechnungen ausgeschlossen?			
9.10	Wird regelmäßig eine EDV-Zahlungsvorschlagsliste der fälligen Zahlungen ausgedruckt?			
9.11	Werden ausgestellte Wechsel mit allen erforderlichen Daten in ein Wechselbuch eingetragen?			
9.12	Erfolgt die Wechselausstellung nach dem 4-Augen-Prinzip?			
9.13	Werden bei den elektronischen Lieferantenzahlungen die Prinzipien des IKS eingehalten?			

Lfd. Nr.	**10. Einkauf – Wareneingang**	Ja	Nein	Kommentar
10.1	Gibt es eine Einkaufsanweisung? Ist die Stellvertretung geregelt?			
10.2	Wird die Beschaffung ausschließlich von den für den Einkauf vorgesehenen Mitarbeitern durchgeführt?			
10.3	Welche Bereiche umgehen die Einkaufsabteilung und warum?			
10.4	Ist die Stellvertretung geregelt?			
10.5	Ist der Vorgang für die Bedarfsanforderungen geregelt? – Genehmigungsverfahren – Anforderungsberechtigte			
10.6	Prüft der Einkauf die Autorisierung der Bedarfsanforderungen?			
10.7	Führt der Einkauf vor der Bestellung eine Wertanalyse (niedrigst notwendige Qualität und Funktion für das einzukaufende Gut) durch oder bestellt er gemäß Bedarfsanforderung?			
10.8	**Angebotseinholung** – Gibt es festgelegte Wertgrenzen für die Anzahl der einzuholenden Anbote? – Ist die Gültigkeitsdauer von Anboten geregelt? – Werden immer neue Lieferanten bei Anboten und Anfragen einbezogen? – Sind die Entscheidungsgrundlagen für die Bestellung nachvollziehbar (Dokumentation der Anbote auf Anbote-Vergleichsblatt)?			
10.9	**Bestellung** – Wird das 4-Augen-Prinzip (2 Unterschriften) eingehalten?			

Lfd. Nr.	**10. Einkauf – Wareneingang**	Ja	Nein	Kommentar
	– Werden rechtlich abgesicherte, vornumerierte Bestellvordrucke verwendet? – Wird bei Auslandsgeschäften das Währungsrisiko abgesichert? – Werden die eigenen Einkaufsbedingungen durch die Verkaufsbedingungen der Lieferanten außer Kraft gesetzt?			
10.10	**Wareneingang** – Ist der Wareneingang vom Einkauf getrennt? – Ist die Mengen- und Qualitätskontrolle gesichert? Wird stichprobenweise geprüft, ob diese tatsächlich und ordnungsgemäß durchgeführt werden? – Werden Mängelrügen auf den Lieferscheinen vermerkt und sofort dem Einkauf zwecks Reklamation beim Lieferanten weitergegeben? – Werden bei Warenretouren die zu erwartenden Gutschriften der Lieferanten evident gehalten oder werden die Rechnungen zwecks Korrektur retourniert? – Werden Naturalrabatte erfaßt und in die Bestandsführung eingebucht? – Wird die Bestätigung des korrekten Wareneingangs auf den Lieferscheinen mit einem WE-Stempel vorgenommen?			
10.11	**Rechnungskontrolle** Ist die Rechnungsprüfung so geregelt, daß die sachliche und rechnerische Richtigkeit gewährleistet ist?			

Lfd. Nr.	**10. Einkauf – Wareneingang**	Ja	Nein	Kommentar
10.12	Wird von unabhängigen Personen die Ordnungsmäßigkeit, Wirtschaftlichkeit und Richtigkeit der Angebotseinholung geprüft (siehe hierzu Punkt 10.8)?			
10.13	Werden Einkäufe für Betriebsangehörige im Einverständnis mit der Geschäftsleitung über den Einkauf abgewickelt?			

Lfd. Nr.	**11. Lagerhaltung**	Ja	Nein	Kommentar
11.1	Gibt es programmierte Kontrollen für Höchst- und Mindestbestände?			
11.2	Gibt es Regelungen für die Vermeidung und Lagerung von Obsoletwaren und Ladenhütern?			
11.3	Wird eine systematische Prüfung der Umschlaghäufigkeit, Lagerdauer für alle Artikel durchgeführt?			
11.4	Sind folgende Sicherheitsmaßnahmen getroffen? – Permanente Anwesenheitspflicht des Lagerleiters – Regelung Lagerzutritt, Aufenthalt unbefugter Personen – Anwesenheitszeiterfassung für Personal – Torverschluß – Schlüsselprotokoll			
11.5	Wie erfolgt die Lagerung diebstahlgefährdeter Artikel? – Durch händisch geführte Lagerfachkarten zusätzlich zur EDV-Bestandsführung? – Durch permanente Inventur?			
11.6	Ist die Unvereinbarkeit folgender Funktionen gegeben? – Wareneingang und Rechnungsfreigabe – Einlagerung und Ausgabe von Waren – Verrechnung und Inkasso – Bestandsführung (Lagerbuchhaltung) und Wareneingang			
11.7	Werden bei der Personaleinstellung zusätzliche Informationen eingeholt durch – Auszug aus dem Strafregister (Leumundszeugnis)? – Auskunft bei früheren Dienstgebern?			

Lfd. Nr.	**11. Lagerhaltung**	Ja	Nein	Kommentar
11.8	Gibt es eine Regelung für die Warenvernichtung, Verschrottung?			
11.9	Wie ist die Befugnis für Bestandkorrekturen und Preisänderungen geregelt?			
11.10	Sind Torkontrollen für Transportfahrzeuge und Personal vorgesehen?			
11.11	Bestehen ausreichende Versicherungen für die Lagerware?			
11.12	Gibt es eine Regelung für Streckengeschäfte und Durchläufer? Ist die Evidenzhaltung und Verrechnung solcher Warenlieferungen als sicher zu bezeichnen?			
11.13	Keine Lieferung ohne Beleg Gibt es eine Kontrollautomatik, daß nur Ware das Lager verlassen kann, wenn ein kontrollierter, vornumerierter Beleg für den Warenausgang vorhanden ist (Lieferschein, interner Entnahmeschein, Barverkaufsschein)?			
11.14	Regelung für innerbetriebliche Entnahmen Werden Entnahmen für betriebliche Zwecke auf bestimmungsgemäßen Verbrauch kontrolliert?			
11.15	Kontrolle und Evidenz der Außenlager, Vertreterkollektionen, Fahrverkäuferbestände, gelieferten Kommissionswaren			
11.16	Ist sichergestellt, daß bezahltes Leergut ordnungsgemäß retourniert und die Verrechnung kontrolliert wird? Besteht die Gefahr, daß bei Retournierung von Leergut auch volle Behälter mitgenommen werden?			

Lfd. Nr.	**11. Lagerhaltung**	Ja	Nein	Kommentar
11.17	Haben Fahrverkäufer und Fahrer Zugang zum Lager?			
11.18	Wäre die Einführung einer schriftlichen Lagerordnung zweckmäßig?			
11.19	Ist die buchmäßige und körperliche Vereinnahmung von Warenretouren gesichert?			

Lfd. Nr.	**12. Inventur**	Ja	Nein	Kommentar
12.1	Werden alle Vorräte einmal jährlich körperlich aufgenommen?			
12.2	Gibt es eine Inventur-Anweisung?			
12.3	Wird für die Bestandsaufnahme ein Inventurleiter bestimmt?			
12.4	Unterliegen kritische Bestände (diebstahlgefährdete und verderbliche Waren) unterjährig einer permanenten Inventur?			
12.5	Werden numerierte Inventur-Aufnahme-Listen verwendet?			
12.6	Wurden alle Inventurorte erfaßt (Außenlager, Vertreterkollektion, Fahrverkäufer, Ausstellungsware etc.)			
12.7	Wurden nachträgliche Stichproben auf richtige Zählung vorgenommen?			
12.8	Sind auf den Inventurlisten Soll-Bestände vorgedruckt?			
12.9	Ist der vollständige Rücklauf der Inventurlisten sichergestellt?			
12.10	Wurden die Abgrenzungen berücksichtigt? – Lager zu Produktion – rollende Ware – Kundenretouren – erhaltene Kommissionsware – Warenlieferung auf Probe/Ansicht			
12.11	Wurde bei der Zählung das 4-Augen-Prinzip eingehalten (Zähler und Kontrolleur)?			
12.12	Werden Plus/Minus-Differenzen ausgedruckt, die Ursachen analysiert und an die Geschäftsleitung berichtet? Kann festgestellt werden, was die wesentlichsten Ursachen der Minusdifferenzen waren?			

Lfd. Nr.	**12. Inventur**	Ja	Nein	Kommentar
12.13	Wer ist berechtigt bzw. erhielt den Auftrag, die Bestandsberichtigungen in der Lagerbuchführung durchzuführen?			
12.14	Wurden Ladenhüter und obsolete Teile ausgesondert? Welche Maßnahmen wurden getroffen (Abverkäufe, Verschrottung)?			
12.15	Wenn es keine Inventuranweisung gibt oder gab: – War durch vorhergehendes Aufräumen, Zusammenlegung identer Waren, geordnetes Schlichten, Bezeichnen und Zugänglichmachen eine ordnungsgemäße Inventur überhaupt möglich? – Gab es eine zeitliche Abgrenzung? – Gab es keine Warenbewegungen während der Inventur?			
12.16	Wurden die zu schätzenden Schüttgüter von drei verschiedenen sachkundigen Personen einvernehmlich festgelegt?			
12.17	Werden auch die Original-Zähllisten und nicht nur die Reinschriften der Bestandsaufnahme aufbewahrt?			

Lfd. Nr.	**13. Produktion**	Ja	Nein	Kommentar
13.1	Ist die Verantwortlichkeit für den Produktionsbereich klar geregelt?			
13.2	Werden die Produktionsaufträge von der Arbeitsvorbereitung schriftlich erteilt?			
13.3	Wie wird die Rohstoffeinsatzmenge und der Energieverbrauch festgestellt?			
13.4	Wie wird die produzierte Menge ermittelt?			
13.5	Wie werden die Herstellkosten ermittelt?			
13.6	Welche Qualitätskontrollen und Endkontrollen werden durchgeführt?			
13.7	Gibt es eine Kontrolle über die Auslastung der Produktionsanlagen?			
13.8	Gibt es für Stillstandzeiten der Produktionsmaschinen ein Protokoll mit Begründungen?			
13.9	Ist die Sicherheit im Ersatzteillager für Instandhaltungs- und Reparaturmaterial der Produktion gegeben? Wie wird Diebstahl und Schwund verhindert?			
13.10	Sind in den Hauswerkstätten Arbeiten für den unentgeltlichen privaten Bedarf der Dienstnehmer ausgeschlossen? Gibt es schriftliche Arbeitsaufträge?			
13.11	Ist beim Einkauf von Reparaturmaterial ein Abzweigen für den privaten Bedarf ausgeschlossen?			
13.12	Welche Überwachungsmechanismen gibt es für – den Ausschuß – den Abfall – die Ausbeutequoten – den Energieverbrauch?			

Lfd. Nr.	**14. Verkauf**	Ja	Nein	Kommentar
14.1	Ist eine Stellvertretung gegeben?			
14.2	Ist eine Regelung gemeinsam mit dem Controller/der Geschäftsleitung vorhanden für – Kalkulation der Verkaufspreise – Rabatte, Boni, Nachlässe – Liefer- und Zahlungsbedingungen – Zahlungsziele, Kreditgewährungen – Wechselannahme – Sonderangebote, Aktionen?			
14.3	**Provisionen** Sind Provisionssysteme erfolgs- und nicht umsatzabhängig gestaltet? Ist eine Vermeidung von Doppelprovisionierung an eigene Verkäufer einerseits und fremde Vermittler (Agenten, Kommissionäre) andererseits gegeben?			
14.4	**Fakturierung** Ist eine Sicherstellung gegeben für – Auslieferungen nur gegen Versandauftrag – Fakturierung von Streckengeschäften – Material- und Zeiterfassung bei Lohnaufträgen – Rechnungskontrolle (Vergleich mit Bestellung, Lieferschein, Versandbeleg) – innerbetriebliche Verrechnung von Lieferungen und Leistungen – Kontrollautomatik, daß alle Lieferungen und Leistungen fakturiert werden – Vermeidung von Gefälligkeits- oder fingierten Rechnungen			

Lfd. Nr.	**14. Verkauf**	Ja	Nein	Kommentar
	– Regelung über Verbuchung von Teilrechnungen und Schlußrechnungen (Kontrollautomatik, daß für alle Teilrechnungen eine Schlußrechnung ausgestellt wird!) – vornumerierte Ausgangsfakturen für die Vollständigkeitskontrolle – A-jour-Wartung der Preislisten?			
14.5	Werden Reklamationen nach dem 4-Augen-Prinzip abgewickelt?			
14.6	Werden Gutschriften für Rücklieferungen vom Kunden nach dem 4-Augen-Prinzip abgewickelt?			
14.7	Erfolgt eine Kontrolle hoher Umsätze kurz vor dem Bilanzstichtag und Umsatzstornierungen am Beginn des Folgejahres?			
14.8	Prüfung unüblich langer Zahlungsziele ist zweckmäßig!			
14.9	Bonitätsprüfung: Regelung für – Auskunftseinholung – Information durch Buchhaltung an Verkauf über säumige Kunden – Festlegung der Kreditlimits, Nachnahmelieferungen			
14.10	Kontrollsystem im Fahrverkauf bei Inkassoberechtigung der Fahrverkäufer			
14.11	Ist die Fakturierung unabhängig von der Buchhaltung und Versandabteilung?			
14.12	Ist eine vollständige Übernahme der Ausgangsrechnungen in die Debitorenbuchhaltung gesichert? – Ist die lückenlose Fakturierung von Streckengeschäften gegeben?			

Lfd. Nr.	**14. Verkauf**	Ja	Nein	Kommentar
14.13	Werden Kundenreklamationen prompt bearbeitet? Wird die reklamierte Ware besichtigt?			
14.14	Ist sichergestellt, daß die Buchhaltung bei Minderüberweisungen von Kunden nicht selbständig Ausbuchungen vornimmt?			
14.15	Wird die Geschäftsleitung informiert, wenn Gutschriften für Kundenreklamationen schleppend oder nicht bearbeitet werden? (Eine Massenausbuchung von Minderüberweisungen zum Bilanzstichtag ist ein Indiz für schlechte Reklamationsbearbeitung!)			
14.16	Werden folgende Verkäufe hinsichtlich Preisgestaltung überwacht – an Mitarbeiter – Anlagenverkauf – obsolete Teile und Schrott – beschädigte Waren – Messeausstellungsstücke – Mustersendungen?			

Lfd. Nr.	**15. Fuhrpark**	Ja	Nein	Kommentar
15.1	Gibt es eine Dienstanweisung für den Fuhrpark?			
15.2	Ist die Stellvertretung des Fuhrparkleiters geregelt?			
15.3	Sind folgende Regelungen vorhanden? Fuhrparkordnung PKW – Regelung des Fuhrparkeinkaufes – Berechtigung für Benützung der Geschäftsfahrzeuge – Privatfahrten mit Geschäftsfahrzeugen (Urlaubsregelung) – Treibstoffregelung, Wartung, Reparatur – Ausstattung bei Geschäftsfahrzeugen – Einhaltung gesetzlicher Vorschriften – vorgedruckte Fahrtenbücher mit Eintragung der Tankungen und gefahrenen Privatkilometer – Werden private PKWs auf Kosten des Unternehmens repariert (in der Haus- oder Vertragswerkstätte)?			
15.4	Fuhrparkordnung LKW – Regelung Fahrpausen – Treibstoffkontrolle, Treibstofflimits – Arbeitszeitkontrolle der Fahrer mittels Fahrtenschreiber – Sicherstellung der Pflege und Reparatur des LKW-Fuhrparks – Kostenvoranschläge bei größeren Reparaturen			
15.5	Finden Auslastungskontrollen des LKW-Fuhrparks statt? Werden Leerfahrten vermieden (Rückfrachten)?			

Lfd. Nr.	**15. Fuhrpark**	Ja	Nein	Kommentar
15.6	Werden regelmäßig Tourenoptimierungen durchgeführt?			
15.7	Regelmäßiger Kostenvergleich Eigener Fuhrpark – fremde Frachtführer			
15.8	Sind die Beladungszeiten geregelt?			
15.9	Wird die Beladung überwacht?			
15.10	Werden Transportschäden überwacht?			
15.11	Gibt es eine Regelung für die private Verwendung von LKWs?			
15.12	Ist der Einkauf von Fahrzeugen dem Einkauf zugeordnet? – Wenn nicht, warum?			

Lfd. Nr.	**16. Dienstreisen**	Ja	Nein	Kommentar
16.1	Regelung Arbeitszeit auf Dienstreisen (Überstunden und Wochenenden)			
16.2	Regelung, wann welche öffentlichen Verkehrsmittel oder ein privater PKW benützt werden sollen			
16.3	Regelung Auslandsreisen (Genehmigung Flugzeugbenutzung, Vertragsreisebüros)			
16.4	Werden die vorgesehenen Vertragshotels benützt?			
16.5	Werden die Reisekosten innerhalb der vorgesehenen Frist abgerechnet?			
16.6	Ist die Anweisungsbefugnis für die Auszahlung der Reisekosten festgelegt?			
16.7	Werden die Reisekostenabrechnungen kontrolliert? – Datumsvergleich der Fahrtenbücher, Fahr- und Flugscheine mit der Anzahl der verrechneten Reisetage – Wurde die vorgeschriebene Kategorie der Verkehrsmittel und Hotels eingehalten? – Wurden alle Fahrpreisvergünstigungen in Anspruch genommen?			
16.8	Gibt es einen Abzug bei den Diäten, wenn gleichzeitig Bewirtungskosten abgerechnet werden?			
16.9	Werden die Tagesdiäten bei Vollverpflegung (z.B. bei Seminaren) gekürzt?			
16.10	Stehen die Reisespesensätze im Einklang mit den Lohnsteuerrichtlinien?			
16.11	Ist bei Dienstreisen unter 12 Stunden ein gekürztes Taggeld vorgesehen?			

Lfd. Nr.	**17. Repräsentation, Bewirtung, Werbegeschenke**	Ja	Nein	Kommentar
17.1	Gibt es eine klare Regelung für Repräsentations-, Bewirtungsspesen und Werbegeschenke?			
17.2	Sind diese pro Profit Center budgetiert?			
17.3	Stehen diese im Einklang mit dem Ergebnis des Profit Centers bzw. mit der Bedeutung des Geschäftsfalls?			
17.4	Gibt es eine Evidenz über die üblichen Weihnachtsgeschenke an Kunden, und wird diese alljährlich aktualisiert?			
17.5	Wird der Verbrauch von Werbegeschenken, die auf Lager gehen, überwacht?			